AF359635

LA RHETORIQVE DE
PIERRE DE COVRCELLES
DE CANDES EN TOVRAINE.

AVEC PRIVILEGE DV ROY.

A PARIS,

Chez Sebastien Nyuelle, libraire demeurant
à l'enseigne des Cicognes, Rue
Sainct Iacques.

1557.

(2)

A TRES-ILLVSTRE ET TRES-
VERTVEVSE PRINCESSE MA-
dame Louise de Giury Dame & Abesse
de Iouerre: son tref-obeissant Pierre
de Courcelles .

Out ainsi que le bon iardinier (tref-il-
lustre Princesse) lequel pour rendre
son iardin plus fructueux & plaisãt:
de plusieurs lieux y transporte de ieunes entes & bonnes greffes. Consi-
derant estre plusieurs petites belles filles & gentilles d'esprit: souz la grandeur & inuicible
puissance de vostre crosse, grandement desirantes & cu-
pides de congnoystre les inuolutions des sciences & bonnes disciplines. Pour illustrer & rendre nostre langue
maternelle plus coppieuse & riche: de plusieurs bons &
famés auteurs Latins , i'ay tiray ce petit art de Rhetorique. Duquel sans craindre aucunemẽt le flotz & reflotz
des langues serpantines, i'ay exposé & mis au monde le
premier liure , au iugemẽt de plusieurs & diuers person-
nages. Souz l'innumerable voyle de vostre nom , par lequel il euitera heureusement les impetueuses & mau-
uaises tormentes de maudite enuie & les durs rochers
de calomnie eshontee. Partãt concluant ne parleray plus
outre de toutes icelles choses à cause de breueté : me con-
fiant que fauorablement receurez mon petit labour , ne
prenant garde toutesfois à mon deur & lour parler. Si

d'auanture ie n'ay vsé d'auſſi bon langaige & d'auſſi
bon ſtille de diſpoſition : ainſi que pluſieurs autres ſçauãs
compoſiteurs & traducteurs de noſtre temps euſſent bien
fait. Mais vous conſidererez la ieuneſſe & la volonté de
celuy, qui de long temps l'a ordonné & ordonne à voſtre treshaute & treſ-uertueuſe nobleſſe. Vous ſuppliãt
luy pardonner ſil à ozé trop entreprẽdre le vous preſan-
tant & mettant en lumiere ſouz la ſauuegarde & pro-
tection de voſtre nom. Priant le ſouuerain & plus parfait Orateur des Orateurs de vous donner la grace, de
mettre afin voſtre plus haut deſir & parfaite volonté.
De Paris le premier iour d'Auril.

A elle mesme.

De los ne reçoit point Diane la deesse,
   Ses Nymphes côseruât des Satyres puissans:
   En saulles les muât bordât ruisseaux luissâs,
   Pour de corruption euiter la rudesse.
Comme vostre Cité(ô tref-noble Princesse)
   Ioyeuse vous reçoyt: au retour de deux ans:
   S'esiouifsât de voir voz deux yeux reluifans,
   Venât pour esiouir ce lieu plain de deftresse.
Pergeä & vous feulle aues cefte puissance,
   L'vne à Iouerre tient son têple de plaisance,
   L'autre au plaisant païs & Cité de Pâphile.
Tât feulemêt d'vn point differez toutes deux,
   Ceft que Diane habite au haut boys tene-
     breux,
   Et vous eftes toufiours habitante à la ville.

a iii

A Tref-illuſtre Princeſſe Madame
Charlotte de Bourbon.

Si ſans trauail tref-illuſtre Princeſſe,
   Aués deſir de congnoiſſance auoir
   De la ſcience: il vous conuiendra voir
   Ce petit art, qu'à voſtre Ante i'adreſſe.
Certainement noble cœur de deeſſe,
   Parfaitement aucun ne peut ſçauoir,
   Des beaux eſcritz tout le parfait pouuoir,
   Sans de ceſt' art entendre la hauteſſe.
Or doncq' Madame ayés ceſte liqueur
   De Rhetorique, encree en voſtre cœur:
   Et vous aurez parfaite congnoyſſance.
De verité: qu'vn chacun doit tenir,
   Qui des haut Cieux veut auoir iouiſſance:
   Dieu pour gardon vous y doyent aduenir.

In Petri de Courcelles Rhetoricam Gallicam
Epigramma Claudii Roiellet.

Græcia quicquid habet linquáque manúque laboris,
　Vendicat hoc totum lingua Latina sibi.
Quicquid habet latium, Graii, propriiq; leporis,
　Hoc quoque iure suum, Gallica lingua facit.
Sic illam videas linguis præstare duabus,
　Quæ vim linguarum continet vna trium.
Si dubitas, hic Rhetoricos mirare colores,
　Quos signat chartis Gallica gemma suis.
Tum tu quàm latium, quàm pauper Achaia dices
　Quàm contrà diues Gallica lingua sonat.

EXTRAICT DV PRIVILEGE.

Par priuilege duRoy noſtre ſire. Il eſt permis à Guil-
laume le Noir libraire à Paris, d'imprimer & mettre en
vente ce preſent liure, intitulé La Rhetorique de Pierre
de Courcelles. Et inhibitions & defenſes faictes à tous
imprimeurs & libraires, & autres marchans quelz
qu'ilz ſoyent, d'en imprimer ou faire imprimer, vendre
ne diſtribuer autres que ceux que ledict le Noir aura im-
primé, iuſques à ſix ans prochainement venans, à conter
du iour & date qu'en ſera faicte la premiere impreſſion
Et ce ſur peine de confiſcatiõ deſdiˑtz liures, & d'amen-
de arbitraire au Roy applicable, ainſi qu'il appert & eſt
plus à plain contenu es lettres dudict priuilege, donné à
Paris le neufiéme iour de Nouẽbre l'an mil cinq cẽs cin-
quante ſix.   Signé par le conſeil, de Courlay, & ſeellé
ſur ſimple queüe de cire iaune.

PREMIER LIVRE DE LA RHE-
torique de Pierre de Courcelles de Can-
des en Touraine.

De definitió de Rhetorique. Premier chap.

Hetorique eſt art de bien & or-
nemét parler, ſelon les queſtions
Ciuiles, pour perſuader aux auditeurs ou Iuges, de bailler ſen-
téce de la choſe, de laquelle nous
voulons tout incontinent obtenir arreſt & de-
terminance. Rhetorique eſt appellee des orateurs Grecz ρητης ρησις, c'eſt à dire a diction : car
ρησις n'eſt autre choſe entre les Rheteurs Grecz,
que diction: & ρητωρ, autre choſe que Orateur.
Il y a quelque affinité & conionction entre
Grammaire, Dialectique, & Rhetorique. Car
la Grammaire premierement nous enſeigne à
bien & congrument parler, & nous demonſtre ſemblablement à congnoiſtre la purité &
netteté de la diction, auec la compoſition de
l'oraiſon. Dialectique à bien diſputer & raiſon
ner, pourtant qu'elle nous deſclare la verité de
toute raiſon, & par conſequent la fauſeté, ſoit
ou neceſſaire dont naiſt la ſcience: ou contin-

A

gente dont naiſt l'opinion. Rhetorique à bien
& elegamment parler(ainſi que cy deuãt a eſté
dit) de laquelle cy apres parlerons plus emple-
ment, par tous noz quatre liures, que de long
temps auons propoſé & deliberé faire d'icelle.
Leſquelz nous paracheuerons le plus breuement que faire ce pourra, incontinent auoir
entendu & congneu le plaiſir que prendrez à
la lecture d'iceluy premier : lequel nous auons
(comme pour le coup d'eſſay) premierement
baſti & ordoné : reſemblant (ainſi que dit Platon) aux ieunes ſouldars, encor' non bien vſi-
tez & inſtruitz aux armes, qui deuant que ſ'ex-
poſer & entremettre es lieux dengereux, ſ'ex-
perimentent & eſſayent es lieux de plus facile
yſſue, & de moins d'importance. Toutesfois
en paſſant ne lairrons à parler du propre & particulier de Rhetorique. Or doncq' le propre
& particulier de Rhetorique, eſt vſer d'oraiſon
continuelle & permanente : c'eſt à dire traiter
au long des choſes, & non ſuccintemét comme les Dialecticiens ont de coutume faire, en
leurs diſputes & queſtions: deſquelles iournel-
lement ilz vſent par ſilogiſmes & argumens.

Du deuoir & office de l'Orateur.
Second Chapitre.

LE deuoir & office de l'Orateur eſt pouuoir parler d'icelles choſes, leſquelles ſont conſtituees à l'vſage, & commodité des Citoyens:cóme des coutumes des lois,et des preuilieges de la Cité, en laquelle l'on fera oraiſon, d'autant qu'il ſera en la puiſſance & poſsibilité de l'Orateur, auec le cóſétemét des auditeurs ou Iuges. Il y a tout premieremét trois genres de cauſes, que principalement l'Orateur doit auoir, genre Demóſtratif, Deliberatif & Iudiciel. Genre Demonſtratif eſt, quãd à quelque perſóne on attribue louange, ou vitupere. Deliberatif eſt, quand la choſe ſe met en conſultation, pour ſçauoir ſi elle ſe doit faire ou non : & contient ſuaſion & diſuaſion. Iudiciel eſt, quand la choſe eſt miſe en altercation & controuerſie : tenant en ſoy accuſation, demande, & requeſte: auec defence. Maintenant demonſterons quelles choſes conuient neceſſairement receuoir à l'Orateur: puis apres conſequemment cóment conuiendra traicter icelles choſes, & diſpoſer par ordre, les colloquent chacunes en ſa place. Dócques premierement & principalemét faut obſeruer à l'Orateur futur, Inuention, Diſpoſition, Elocution, Memoire, & Prononciation. Inuention eſt, vn penſement & excogitation des choſes vrayes, ou vray ſemblables,

Trois genres de cauſes.

Demóſtratif.

Deliberatif.

Iudiciel.

Cincq parties de l'office de l'Orateur.

Inuention.

lesquelles rendent nostre cause plus probable & approchante de verité. Disposition est, vn ordre & distribution des choses inuentees : laquelle demonstre le lieu & place, ou c'est qu'vn chacun argument doit ingenieusement estre colloqué & disposé. Elocution est vne appropriation des dictions, & sentences propres & idoynes à l'inuention, c'est à dire es choses inuentees. Memoire est, vn enseignement & ferme instruction à l'esprit, afin de plus facilemét retenir la disposition & establissement des vocables, dictions, motz, & sentences : qui premierement ont esté distribuees, & mises par ordre. Prononciation est vn gouuernement & attrempáce de voix, de visage, & de gestes, auec bonne grace & bié seante. C'est à dire qu'il faut gouuerner & tenir sa voix, de telle sorte, qu'elle soit tantost douce, tantost rude, tantost douteuse, tátost aspre & raboteuse. Du visage semblablement faire bóne chere, bonne trongne, bóne mine, beau maintien, beau regard, plustost ioyeux & gracieux, plustost triste & efrené. Et consequemment des gestes comme de la teste, des bras, des mains, des iambes, des piedz : & finablement de toutes les autres parties du corps : Pour le present de toutes icelles choses ne passerons plus outre, pource qu'au troisieme liure, de tout cela vous sera baillé exemple.

Toutes

Toutes ces choſes (cy deſſus dictes) ce pourront facilement & aiſement retenir par trois manieres, par Art, Imitation, & Exercice. Art tout premierement eſt, vn enſeignemēt lequel donne certaine voye & raiſon, de bien & proprement parler. Imitation eſt, par laquelle de diligente raiſon ſommes eſmus & totalement incités d'eſtre ſemblables à ceux, deſquelz nous voulōs affectueuſemēt ſuyure la trace, & belle maniere de parler. Exercice eſt vne coutume d'vſage & aſſiduité de bien dire, qui eſt (comme dit Virgile) maiſtre ſur toutes choſes : ainſi que par ces carmes lon peut voir.

Rien n'y a tant caché ſoit il,
Que l'eſprit agu & ſubtil,
En cherchant ne puiſſe trouuer
S'il veut bien ſa force eſprouuer.

Luy meſme.

Labeur conſtant & operation,
Sur toute choſe a domination.

Puis doncq' qu'il eſt demonſtré, quelles cauſes faudra à l'Orateur receuoir : & quelles choſes luy conuiédra neceſſairemēt auoir, pour ceſte heure ie ſuy d'auis & opinion de mōſtrer comment icelles offices, ſe pourront par l'Orateur ingenieuſement accommoder & proprement adapter au futur baſtiment & oraiſon. Or dōcques la premiere partie de toute Rhetorique

Trois manieres d'aprendre.

Art.

Imitation.

Exercice.

L'auteur.

Six parties d'Inuētiō.

nommee Inuention, eſt diuiſee en ſix parties,
que nous appellós Exorde, Narratió, Diuiſió,
Confirmation, Confutation, & Concluſion.

Exorde. Exorde ou commencement eſt, le commencement & principe de l'oraiſon: par lequel l'eſprit
de l'auditeur ou Iuge eſt apareillé pour ouir &
entendre la choſe, de laquelle lon veut parler.

Narratió. Narratió eſt vne expoſition & declaration des
choſes faictes, ou comme ſ'elles auoyent eſté
faictes: les diſpoſant & mettant par ordre, ainſi qu'a elles appartiendra. C'eſt aſçauoir que les
choſes, qui auront eſté faictes premierement,
ſoyent miſes les premieres: & dernieremét, les
Diuiſion. dernieres. Diuiſion eſt, par laquelle eſt ouuerte
la choſe, dont les aduocats ou Rheteurs ſont
d'accord: & laquelle demeure en altercation:
& par laquelle nous diſpoſons & deliberons,
Confirma- de quelle choſe ſommes deliberez parler. Con-
tion. firmation eſt, vne declaration de noz argumés
& ſilogiſmes: auecq' affirmation & iurement.
Confuta- Confutation eſt vn payemét & diſolution des
tion. lieux contraires, obiectés & reprochés par l'ad-
Cócluſion. uerſaire. Cócluſion ou Peroration eſt, l'artifi-
cielle & ingenieuſe fin de l'oraiſon: c'eſt à dire
la fin & borne de la choſe encommencee: laquelle pluſieurs diſent deuoir eſtre la premie-
Phiſique. 2 re: deſquelz (ſuyuát le dire d'Ariſtote, qui l'appelle principe de cóſideration) ie ſuis d'opinió,

pourtant

pourtant qu'en saige conseil, & meure deliberation, la fin doit estre premierement & principalement consideree, Ainsi Iunon consume Eneide. I.
la fin du mariage, quand elle promet Deïopee
à Eole disant.

Auecques moy i'ay des Nymphes gentilles
Quatorze ou plus, qui sont bien belles filles.
Dont en beauté vne surpasse toutes:
C'est Deïopee, & sans que tu en doutes
Tienne sera: car d'elle (pour guerdon) Des Masu-
Ie te feray de tresbon cœur vn don, res.
A celle fin que ioincte en mariage
Auecques toy elle passe son aage:
Et qu'en plaisir heureux & triumphant,
Te face (en fin) pere d'vn bel enfant.

Puis que nous auons prolongé iusques icy, à
celle fin de plus commodement parler des parties de l'oraison, auec le deuoir & office de
l'Orateur: aussi afin qu'icelles choses feussent
de plus facile congnoissance, auons deliberé (à
cause de plus proprement accommoder l'inuention, c'est à dire les choses inuentees à l'o-
raison) traicter premieremét de l'Exorde & cómencemét. Mais deuant toutes choses (la cause
constituee) faudra considerer le genre & esperance de la cause: pourtant que plus commodement pourrons faire nostre Exorde & com- Quatre ge-
mencement. Or doncq' quatre genres de cause res de cau-
ses.

A iiii

font, fçauoir genre honnefte, vilain, douteux,
Honnefte. & humble. Genre honnefte eft eftimé, quand
lon defent ce que d'vn chacun eft veu defendre & foutenir : & quand lon combat ce, qui
eft femblablement d'vn chacun veu combatre
& aneantir : comme pour vn hóme fort & magnanime, cótre vn paricide: c'eft à dire qui a tué
Vilain. fon pere ou mere. Vilain & deshónefte eft entendu, quand la chofe honnefte eft afsiegee &
combatue, pour defendre la vilaine & def-
honnefte, c'eft afçauoir quãd ce, qui eft bon &
honnefte eft totalement delaiffé à neant, pour
fermement foutenir ce qui eft mefchant & de-
Douteux. teftable. Douteux & incertain eft, quãd la chofe contient en foy toutes les deux parties, fça-
l'humble. uoir bonne & mauuaife. l'Humble & de baffe
condition eft, quãd l'on apporte quelque chofe en auant : de laquelle lon ne fait pas grand
conte, & qu'on a en contemnement, pour la
petite & moyenne valeur en quoy elle cófifte.
Maintenant puis qu'il eft tout cler & manifefte, qu'il y a quatre genres de caufes, il eft neceffaire de les adapter à chacune raifon d'exorde & commencement : afin que pour la varieté d'iceluy genre, puifsions plus facilement
prendre changement d'exorde & commencement.

De

De l'Exorde & commencement.
Troisiefme chapitre.

Eux genres d'Exorde font, cómencemét que les Grecz appellent προοίμιον
& infinuatió qu'ilz nomment ἔφοδος.
Commencement tout premieremét
eft, par lequel nous rendons tout incontinent
& fans ambiguité de parolles l'auditeur preft
& appareillé pour ouyr:& ce prend de telle forte,afin de plus ayfement auoir les auditeurs attentifz,beneuóles,& dociles: car l'auditeur attentif, beneuole,& docile,fera beaucoup plu-
toft perfuadé de noftre dire, que celuy qui entend feulement la chofe à demy, & fans aucunement y prendre gouft. Doncques fi nous a-
uons genre de caufe douteux & incertin, faudra tout premierement cóftituer noftre Exorde & commencement par beneuolence, craignant que quelque partie d'icelle caufe vilaine
& deshonnefte, ne nous puiffe en aucune maniere nuire & dommager.Duquel genre Ciceron a vfé en l'oraifon pour A. Milon difant.
" O iuges iaçoit que i'aye grãd' crainte & dou-
" te fort, que fe ne foit chofe vilaine & deshon-
" nefte, de ne pouuoir ainfi qu'il appartiét com-
" mencer à dire, pour vn homme tant vertueux
" & magnanime voyãt qu'il a toufiours efté plus

Deux gen-
res d'Exor
de.

Commen-
cement.

De l'exor-
de du fe-
cond genre
de caufe.

B

» fongneux, du falut & vtilité de la republicque,
» que du fien propre & particulier & cetera. S i le

Du troi-
fiefme gen-
re de cau-
fe.

genre de caufe eft, humble & de baffe condition, conuiendra faire les auditeurs attentifz:
en demonftrant la caufe n'eftre toufiours de
petite & baffe condition, les priant treshum-
blement de diligemment entendre ce, que d'i-
celle voulons mediocrement dire. Comme fait
Virgile, voulant capter la beneuolence & amitié de fon Mecene, difaut.

Georgic-
ques. 4.

> Confequemment ie vueil en fin parler
> Du miel doux, don du ciel, & de l'air.
> A prefte doncq, ta faueur coutumière
> O Mecenas, à c'eft œuure derniere:
> Ie te diray en carmes les fpectacles
> De petit cas, qui te feront miracles:
> Ie te diray les princes magnanimes,
> Les meurs, façons, eftudes, faits fublimes,
> Les bons fouldars de toute cefte gent,
> Et les combatz, par ordre diligent.

Le blanc.

Du qua-
trefme gen-
re d'Exor-
de.

Si le genre de caufe eft, deshonnefte & vilain
faudra vfer d'infinuation, de laquelle fi apres
parlerons: finon qu'vfions acquis quelque
chofe, par laquelle puifsions commodement
tirer la beneuolence & amitié des auditeurs ou
iuges. Ainfi fi Ciceró a fait en l'oraifon pour. Q.
» Ligaire difant. Or doncques Tuberon as tu
» quelque chofe, qui foit grandement à defirer à
l'accu-

„ l'accufateur, que tu puiffe efperer à ton profit
„ & vtilité. Toutesfoys fi eft ce qu'il te faut con-
„ feffer auoir efté en mefme lieu & place qu'ice-
„ luy:auſsi pareillemét ton pere tant digne d'hó-
„ neur & gloire. A cefte caufe il vous faut doncq'
„ tous deux cófeffer voftre delit: auant qu'aucu-
„ nement vous puiſsiez accufer. Q. Ligaire de
„ fon offence & meffait. Dauantage faut obfer-
„ uer, que fi le genre de caufe eft honnefte & de
bóne reputatió, il fera droiĉtemét permis vfer,
ou nó vfer de principe & cómécemét, lequel gé
re Virgile Maró a ingenieufemétobferué, difat.   Georgic-
                                                   ques I.

   Tout ce, qui fait les champs, bons & fertilz,
   Au laboureur plaifans, & bien vtilz:
   Et en quel temps, Mecenas honorable,
   Conuient tourner la terre labourable: Le blanc.
   En quel temps faut ioindre la vigne tendre
   Aux vers ormeaux: quel foing de beufz faut prédre:
   Quel au betail eft le nouriffement,
   Qui foit vtil à fon accroiffement:
   Quelle practique à l'efpargnante Abeille,
   Dorenauant chanter ie m'appareille.

Mais fi voulons vfer de cómencement il faudra
demonftrer cela: c'eft afçauoir, ou pourquoy la
caufe eft hónefte: ou breuemét expofer de quelle matiere fommes deliberez faire noftre bafti-
ment & oraifon. De telle maniere que Virgile   *Eneide.* 1.
a fait difant.

B ii

Ie chante icy les horribles faitz d'armes:
Ie chante icy le premier des gens-d'armes,
Qui vint des fins de Troye ruinee
En Italie : & qui par destinee
Fuyant, errant, portant peine infinie
Print en fin terre au port de l'Auinie.
Plus endura qu'on ne peut estimer
Dessus la terre, & sus la haute mer:
Force des dieux, & de Iuno seuere,
De qui par trop le courroux perseuere,
Beaucoup souffrit en guerre martiale,
Pour conquester la terre Latiale,
Pour esleuer vne ville en ces lieux,
Et y porter les domestiques dieux.
De Lation, se dit la gent Latine,
De la aussi ont pris leur origine
Peres Albans, de la mesmes on nomme
Les murs, & tours, de la tant haute Rome.

Des Masu-
res.

Consequemmment si ne volós vser d'Exorde &
commencemét : nostre Exorde & commencement conuiendra prendre, ou par la loy, ou par
l'escrit, ou par quelque autre ferme & constant
argumét, que verrons le plus apparent de toute nostre cause. Desquelles choses auons asses
d'exemples es oraisons de Ciceron, comme de
la loy, & en ces liures de Philosophie: mais prin
cipalement aux Tusculanes & aux liures des
fins du bien & du mal, cóme de l'escrit, duquel
il a

il a fuffifammét & à foifon d'efcrit, tout au cómécemét d'iceux liures. Puis doncq' que voulons auoir les auditeurs dociles, beneuoles, &
attentifz faut enfeigner comment & par quelle maniere les pourrós auoir:en demóftrant les
chofes qui appartiennent pour ce faire, & qui
font comme neceffaires. Doncques pourrons
facilement auoir les auditeurs dociles, fi declarons breuemét & fuccintemét le fommaire
de la caufe, de laquelle auons deliberé parler.
Ainfi que Virgile a fait tout au commencemét
du premier des Eneides(cy deuãt alegué) pour
le genre de la caufe honnefte. Et comme à l'O-
mere difant.

Ie te fuplie deeffe gracieufe,
Vouloir chanter l'ire pernicieufe,
Dont Achiles fut tellement efpris,
Que pour icelle vn grand nombre d'efprits
Des princes Grecz par dangereufes encombres
Fit lors defcente aux infernales vmbres:
Et leurs beaux corps, priuez de fepulture,
Furent aux chiens & aux oyfeaux pafture.

Certainemét celuy eft docile qui efcoute vou-
lontiers, & qui fe laiffe enfeigner les preceptes
& enfeignemens, afin de plus ayfement auoir
la cognoiffance de chofe tant fublime, comme
eft la fcience : par laquelle toute verité, & par
confequent toute faufeté nous eft demonftree.

Dequoy Permenide poëte nousamoneste semblablement par ces vers, disant.

> Amy lecteur il te faut tout congnoystre,
> Premierement la science certaine
> De verité facile à suader:
> Et puis aussi l'opinion non vaine
> Ou ne ce peut la foy trop bien fonder.

Du bel-
leau.

Attentifz. Attentifz & songneux aurons les auditeurs, si
leur promettons dire & reciter chose grande
Eneide.7. & magnanime de laquelle chose Virgile a vsé
inuocant sa muse disant.

> Or Muse doncq' vueille inspirer l'esprit
> De ton deuin: qui chanter par escrit
> Veut des grands Roys les guerres perilleuses.
> Des bons souldars rencontres dangereuses.
> La forte main Thirrienne habandonnee,
> Toute Esperie aux armes adonnee.
> En milleur ordre ainsi qu'intention
> J'ay luy baillant bien autre inuention:
> Et plus grand' œuure aux choses meritoires
> Que ie ne dy pour les faire notoires.

Egloguc.4 Luy mesme inuocant sa muse, disant.

> Muses chantons peu plus grande matiere,
> A tous ne plaist l'arbre, & basse briere,
> Si nous chantons vn carme de forest,
> Vn carme tel digne de consul est.

Le blanc.

Et semblablement attentifz les rendrons, leur
promettât reciter choses neuues & non iamais
vsitees.

vſitees : Ou d'icelles choſes qui apartiénent au
fait de la republicque, ou à ceux meſmes qui
ſont la pour entendre & ouir, ou à la religion
des dieux immortelz, ou que par pitié & miſeri
corde ſommes contraints à ce faire, ou ſi les ſu-
plions de diligemment ouir & entendre, ainſi
que ſouuentesfoys voyons faire en pluſieurs
lieux : mais principalement es prologues des
comedies & tragedies : comme en c'eſt exemple
de Terēce pourrós familieremēt voir, qui dit.

Fauoriſez, venez ioyeuſement,
Et entendez la choſe entierement.

Et ſi finablemēt expoſons & declarons la choſe par enumeration, c'eſt à dire par nombre &
parties, de laquelle ſi apres ſommes deliberez
parler. Lequel genre Virgile Maron a ſtudieu- *Eg'ogue.1.*
ſement obſerué diſant.

Car il permet mes brebis venir paiſtre
Comme tu voy, en ce beau lieu champaiſtre:
Et que ie chante en mode paſtorale   *Le blanc.*
Ce que voudray, de ma fluſte rurale.

Là meſme aux Metamorphoſes d'Ouide par- *Meta. 3.*
lant de Leander & *Hero* diſant.

Muſe dy moy le flambeau qu'on feit luyre
Pour les amours ſecrettes mieux conduire:
Dy moy l'amant qui nouant en la mer   *Marot.*
Alloit de nuiĉt les noces conſumer.
Et le noĉturne embraſſement receu,

Qui d'Aurora ne fut oncq' apperceu
Ne descouuert. Declare moy au reste
Les murs d'Abide, & la grand' tour de Ceste:
La ou Hero par amour tant osa
Que Leander de nuict elle espousa.

Duquel genre auons pareillement vsé au pro-
logue de nostre comedie de Phocus, lequel có-
prent totalemét le subiet & sens de la dicte comedie, laquelle quand il vous plaira à par vous
pourrez voir.

De la beneuolence & amitié.
Chapitre quatriesme.

Quatre manieres de faire les auditeurs beneuoles.

De nostre personne.

EN quatre manieres pourrons cómo-
dément faire les auditeurs beneuoles, c'est asçauoir de nostre personne,
de l'aduersaire, des auditeurs, & de
la chose mesme. De nostre personne tout premierement tirerons beneuolence & amitié, si
sans outrecuidance, presumption, & arogan-
ce louons nostre office & deuoir, sçauoir mo-
destement : ainsi qu'en l'oraison pour Sextus
Offices.1. Rocius, pour Archias poëte, & tout au cómé-
» cemét des offices Ciceron a fait, disant. Neau-
» moins ainsi que i'ay tousiours voulu cóiondre
» la langue Grecque auec la Latine, tant en Phi-
» losophie qu'en Rhetorique, ie t'enhorte & ad-
moneste

» monnesté ainsi le faire. Afin que de toutes les
» deux langues , tu puisses auoir pareille con-
» gnoyssance & science. Car laquelle chose fai-
» sant , i'ay tant profité aux Romains & Latins,
» que plusieurs d'eux tãt la lãgue Grecque qu'i-
» celle non sçachans!ont aucunement aquis,par
» le moyen des liures par moy composez en La-
» tin , les sciéces de toute Philosophie,pour bien
» iuger, & de Rhetorique, pour bien & elegam-
» ment parler. Pourquoy tu apprendras tant lon-
» guement que tu voudras la doctrine de ton
» maistre,prince en l'art de Philosophie. Toutes-
» foys il me semble que tu n'y doibs pas tant ton
» vouloir arrester , qu'apres tu t'en puisse repen-
» tir. Car pourras plus profiter lisant noz faitz,
» qui trespeu different aux doctrines des Peripa-
» teticiens, pource que voulons ensuyuir tant
» Socrate que Platon , & de leurs traditiõs pour-
» ras vser tout ainsi que bon te semblera. Mais li-
» sant noz œuures congnoistras l'eloquence La-
» tine, iaioute françoyse, plus abondante que la
» Grecque la mesme du Prophete Dauid, disant. *Exode.* 20

    Ie suy (dy il) ton Dieu celeste
    Qui t'ay retiré hors d'esmoy: *Marot.*
    Et de seruitude moleste
    Tu n'auras autre Dieu que moy.

Et si finablemét demóstrons quelz auons esté
& sommes enuers la Republicque ,c'est à dire

C

quel profit & vtilité auons apporté à icelle, à
laquelle tout premieremēt sommes tous obli-
gez : ou enuers noz parens tant pere, mere que
freres, & seurs : ainsi que pour exemple a fait
Virgile par la personne d'Eneas parlant de son
pere.

Ie l'emportay sur les espaules miennes
Des feux diuers, & des flammes Troyennes:
Ie le sauuay des coups de milles dardz
Et du milieu des poursuyuans souldars.

Ou si enuers iceux mesmes qui sont auditeurs
referons quelque chose pourueu que tout soit
bien & mignonnement accommodé à icelle
chose, de laquelle auons deliberé faire men-
tió. De laquelle Ciceró a vsé en l'oraison pour
Lucane, & pour Marc Marcel communicant
les louanges de Cæsar auec plusieurs, pourtant que de plusieurs il fut aidé : toutesfoys at-
tribuè à luy seul toute la gloire de clemence, à
cause qu'il en fut le seul & principal auteur.
» Car (dit il) aucuns par leur dire souuentesfoys
» desprisent les louanges de la guerre, & les sub-
» trayent aux conducteurs de l'armee, & les font
» cómunes à plusieurs, de sorte qu'elles ne sont
» propres aux capitaines. Et pour dire la verité
» la vertu des souldars, l'oportunité des lieux,
» le secours des alliez, les nauires & galeres, les
» munitions & viures aydent grandement : &
d'autre

» d’autre part fortune, comme de ſon droit ſen
» vendicque & attribue la plus grand’part, &
» preſques prend pour ſon propre tous heureux
» faitz & geſtes. Mais en c’eſte gloire (Ceſar)
» que n’agueres tu as par ta vertu aquiſe, tu n’as
» aucun compaignon, tout cecy quoy qui ſoit
» grand (comme certainement il eſt tres grand)
» tout ce cy (dy ie) eſt tien, rien n’entreprēd
» ſur c’eſte louange le centenier, rien le capitai-
» ne, rien l’infenterie, rien la Caualerie. Mais
» qui eſt dauantage ceſte puiſſante dame des
» choſes humaines fortune, ne s’ingere en la
» ſocieté & coniunction de ceſte gloire: elle te
» cede, & accorde qu’elle eſt du tout tienne & à
» toy propre. La meſme en Dauid diſant.

Pſeau 18.

Ie t’aymeray en toute obeiſſance
Tant que viuray, o mon Dieu ma puiſſance,
Dieu c’eſt mon roc, mon rempar haut & ſeur,
C’eſt ma rençon, c’eſt mon fort defenſeur,
En luy ſeul giſt ma fiance parfaicte,
C’eſt mon pauoys, mes armes, ma retraicte:
Quand ie l’exalte & prie en ferme foy
Soudain recoux des ennemis me voy.

Marot.

Conſequemment ſi mettons en auant noz in-
commoditez & fortunes, comme poureté ſo-
licitude, & calamité. De poureté tout premierement Marot a vſé, diſant.

Epigram-
me.19.

Plaiſe au Roy noſtre Sire

C ii

De commander & dire,
Qu'vn bel acquit on baille
A Marot qui n'a maille:
Lequel acquit dira,
(Au moins) on y lira
Telle ou semblable chose,
Mais ce sera en prose.
Tresorier, on entend
Que vous payez content
Marot, n'y faillez pas,
Des le iour du trespas
De Iean Marot son pere.
Ainsi (Sire) i'espere,
Qu'au moien d'vn acquict,
Cil qui poure nasquit,
Riche se trouuera
Tant qu'argent durera.

De solitude c'est à dire la destitution, laquelle on a de l'esperance de ces parens, amys, raliez, ou autres semblables : de telle sorte qu'en l'ode à Monsieur le Reuerendissime Cardinal de Chastilon Ronsard a fait, disant.

Mais quand vn affaire de soing
Me presse à luy faire requeste:
Tout soudain il tourne la teste,
Et me delaisse a mon besoing,
Et si ie veux le raborder
Ou l'acoster en quelque sorte,

Mon

Mon courtisan passe vne porte
Et ne me daigne regarder.

Des calamitez & ennui&ctz, soit ou qu'ayons
aduersité en noz biés & fortune, ou pour quelque chose de nous mesmes, c'est asçauoir de
noz folies & meschansetés, ou pour l'enuie
de quelcun, ou pour quelque maladie, ainsi
qu'au cantique de la Royne sur la maladie & *champs*
conualescence du Roy, Marot la obserué. *diuers.*

S'esbayt on si ie suis esploree,
S'esbayt on si suis descoloree, *Marot.*
Voyant celuy, qui m'a tant honoree,
Estre à la mort
Là mesme en luy mesme.

Mon cœur se recommande à vous *chã son. 42*
Tout plain d'ennuy & de martire:
Au moins en depit des ialoux
Faictes qu'a Dieu vous puisse dire. *Marot.*
Ou si les prions d'aide ou secours, comme en
l'oraison pour A. Milon Ciceron a diligément
& ingenieusement obserué. Et Marot disant. *chã son. 18*

D'vn noueau dard ie suy frappé
Par Cupidon cruel de soy:
De luy pensoy' estre eschappé, *Marot.*
Mais cuidant fuyr me deçoy:
Dont remede ie n'apperçoy
A ma douleur secrette,
Fors de crier, allegez moy

Douce plaisante brunette.

Ou si demonstrons n'auoir iamais voulu prendre esperance d'aide & support de nully : fors
seulement à ceux auxqu'elz sommes deliberez parler dont Marot a souuentesfois vsé en
plusieurs lieux , mais principalement en ceste
chanson , disant.

chãson.18

Si au monde ne feußiez point

Marot.

Belle, iamais ie n'aymeroye
Vous seule auez gaigné le point,
Que si bien garder i'esperoye.

La mesme en vn sonnet de Ronsard disant.

Continua-
tion d'a-
mours.
Ronsard.

Autre (i'en iure) amour ne se sçauroit venter
D'auoir part en mon cœur, vous seule en estez dame,
Vous seule gouuernez les brides de mon ame,
Et seul vos yeux me font ou pleurer ou chanter.

Des aduer-
saires.

De la personne des aduersaires ce captera beneuolence & amitié, si iceux amenons en haine, enuie, & contemption. En haine doncq'
tout premierement les amenerons , si quelque chose d'iceux , disons & affirmons auoir
esté faicte deshonnestement, fiérement, & or-
guilleusement, de telle sorte qu'en Plaute &
en l'oraison pour A. Milon : que Ciceron obi-
ecte aux Philippiens, ou deloyaument, com-

Eneide. 4.

me en Virgile est industrieusement obserué par
la personne de la Royne Dido disant.

Tu n'est point né d'vne deeße mere

Qui

Quiconques foys: & d'Arda n le grand pere,
Oncques ne fut de ton lignage auteur   Du bellay.
O deloyal & pariure menteur.

Ou affurement, & hardimét, ainfi qu'en l'An-
dric de Teréce, & en l'oraifó pour Sexfte Roce
ou malicieufement, meschamment, lafche-
ment, & cruellement. Defquelz Virgile nous   Eneide. 4.
baille exemple par la perfonne de Dido difant.

Donc as tu peu efperer mefchant homme
Difimuler ainfi vn aĉte en fomme
Tant malheureux.

Et vn peu apres.   Des Mafu-
res.

Mefme tu veux t'embarquer fur le point
De l'afpre yuer, & au vens d'Aquilon
Singler en mer, o cruel & felon.

En enuie les attirerons fi d'iceux referons la   Enuie.
violance, l'abondance de biens, les feditions,
les grandz treffors d'or & d'argent, la pail-
lardife, la gentileffe, c'eft à dire les offices &
dignitez : aufquelles il font conftituez & ordó-
nez : la multitude des fiens, lefquelz on met
en quelque lieu pour plus feure proteĉtion &
fauuegarde, l'hofpitalité & recueillement des
eftrangiers, les fodalitez, les conuis, les af-
finitez ou amitiez, lefquelles l'on fait par mariage ou autrement. Ainfi Virgile par la bou-   Eneide. 4.
che de Dido difant.

Ie l'ay receu ietté à bord de l'onde

Pauure indigent: & d'vn sens peruerty
I'ay auec luy mon royaume party.
Tous ses vesseaux perdus aux flotz vrgens,
Et de la mort luy ay sauué ses gens.

Des Masu-
res.

Et demonstrons iceux auoir plus grande fiance iceux argumens (cy dessus dis) qu'en la verité de la cause. En contention & mesprisemēt
les amenerons, si nous proferons quelque cho-
Contētion. se, de la paresse & oysiueté de nostre aduersaire, sans oublier la luxure, c'estasçauoir toute
superfluité, exces, & dissolution, soit en vian-
des, habillemens, ou autres choses semblables,
lesquelles sont propres & commodes pour en-
tretenir icelle paillardise & luzure de la couar-
dise & lascheté, cóme en ceste exemple. Lequel
» de vous ô iuges ne conténera mon aduersaire,
» & semblablement ne l'aura en horreur & mes-
» prisement : veu qu'il c'est retiré à toute couar-
» dise & lascheté : aussi pareillement en sa bestise
» & faute de sens tant est d'esprit tardif & hebe-
» té : qui ne des estudes, ne d'aucuns preceptez
» & enseignemens, desquelz iceluy auoit grand'
» abondáce & superfluité n'a aucun hóneste en-
» fant de bon esprit & grád angin aucunement
» enseigné & parfait, la mesme d'Homere disant.

O grand yurongne, en maintien ressemblant
Vn chien mutin: mais de cœur plus tremblant
Que n'est vn Cerf, estant mis aux abboys:

Lasche,

Lafche, couard, mefchant entre les Roys:
Qui onc n'ofas t'acouftrer de tes armes,
Hanter affaux, efcarmouches, alarmes:
Encores moins adreffer quelque ambufche:
Cregnant toufiours qu'on y meure ou tresbuche.

De la perfonne des auditeurs ou iuges fe colligera beneuoláce & amitié, fi fans papelardife, flaterie, flagornerie, & venterie, attribuons quelque chofe à iceux : & principalemét quád nous voulons obtenir quelque chofe d'iceux: par demande, requefte ou autrement: laquelle chofe le Prophete Dauid a ftudieufement obferuee, voulant impetrer la grace & mifericorde de Dieu difant.

Mifericorde au pauure vicieux,
Dieu tout puiffant, felon ta grand' clemence
Vfe à ce coup de ta bonté immenfe,
Pour effacer mon fait pernicieux.
Laue moy fire & relaue bien fort,
De ma commife iniquité mauuaife,
Et du peché qui m'a rendu fi ord,
Me nettoyer d'eau de grace te plaife.

De rechef atirerons beneuolance & amitié des auditeurs, fi quelque chofe d'iceux, difons & affirmons auoir efté iugee courageufement, fagement, doucemét, magnificquement, vaillamment, & treshonorablement par arreft ou autrement. Ainfi qu'en vn fonnet de Ronfard

D

adreſſant à Monſieur le Coneſtable de Fran-
ce, diſant.

> Si deſormais le peuple en plaiſir deleĉtable
> En dances & feſtins ſ'esbat en ſa maiſon,
> Et ſi l'Egliſe fait à Dieu ſon oraiſon,
> Sans que Mars trouble plus ſon deuoir charitable.
> L'honneur vous en eſt deu ſaige preux Coneſtable
> Qui par voſtre bon ſens, bon conſeil & raiſon
> Apres auoir de guerre eſtainte la ſaiſon,
> Vous donnez à la France vn repos ſouhetable
> Quand on lira les faitz de vous Mommorency,
> Vous aurez pour la guerre & pour la paix auſsi
> Vn los qui touſiours vif volera ſur la terre:
> Mais plus aurez d'honneur pour auoir fait la paix,
> Que pour auoir ſouz vous cent milles hômes deffaitz
> D'autant que la paix eſt meilleure que la guerre.

Dauátage pourrós auoir beneuolence & amitié des auditeurs ou iuges, ſi demôſtrós quelle
a eſté l'eſtimation d'iceux enuers nous, ou có-
bien des autres il ſont priſez & eſtimez de telle
ſorte qu'en vn ſonnet de Ronſard à Monſieur
le reuerendiſsime Cardinal de Lorraine diſant

> De los ne reçoit point d'vn ſi ioyeux viſage
> Appollon qui reuient de Delphe ou de Patere,
> Ennoncer les ſecretz de Iuppiter ſon pere
> Quand au bout de ſix moys il a fait ſon voyage.
> Comme toute la France apres voſtre meſage,
> Ioyeuſe vous reçoit, vous eſtime & reuere:

S'esbaiſ-

S'esbaiſſant de voir voſtre front ſi ſeuere,
Si prudent & ſi vieil en la fleur de voſtre aage
Appollon & vous ſeul ſçauez interpreter,   Ronſard.
L'vn les ſecretz d'vn Roy, l'autre de Iuppiter,
L'vn craint au ciel & l'autre en la terre habitable
Tant ſeulement d'vn point vous differez tous doux
C'eſt qu'Appollon ſouuent eſt obſcur & douteux,
Et vous eſtez touſiours certain & veritable.

Plus tirerons beneuolence & amitié des auditeurs, ſi expoſons qu'elle a eſté & eſt noſtre tou-
tale eſperance, deſir, & attente enuers iceux.
Ce que Ronſard n'a oublié en vn ſonnet à ſa   En la Côt.
dame, diſant.   des a-
                                               mours.

Quand ie vous voy ma gentille maiſtreſſe
Ie deuiens fol, ſourd, muet & ſans ame:
Dedans mon ſens mon poure cœur ſe paſme
Entre ſurpris de ioye & de triſteſſe.
Partout mon chef le poil rebours ſe dreſſe,
De glace froide vne fiebure m'enflemme
Veines & nerfz, en tel eſtat ma dame   Ronſard.
Ie ſuy pour vous, quand à vous ie m'adreſſe.
Non œil craint plus les voſtres, que l'enfant
Ne craint la verge ou la fille ſa mere,
Et toutesfoys vous ne m'eſtez ſeuere
Sinon au point que l'honneur vous deffend:
Mais c'eſt aſſez, puis que de ma miſere
La gariſon d'autre part ne deſpend.

Des choſes meſmes rédós l'auditeur beneuole,

enuers nous totalement fauorable, si louons &
estimons nostre cause, de sorte qu'en la louant
& estimant, plus haute & en plus haut degré
la faisons estre, ainsi qu'en vne Epigramme

Epigāme.2 Marot l'a ingenieusemét obserué, disant.

> *Le liure mien d'Epigrammes te donne,*
> *Prince breton, & le te presentant,*
> *Present te fay, meilleur que la persōne*
> *De l'ouurier mesme, & fust il mieux chantant:*

Marot.

> *Car mort ne va les œuures abbatant*
> *Et mortel est celuy la qui les dicte:*
> *Puis tien ie suy, des iours a tant & tant:*
> *De m'y donner ne seroit que redicte.*

Ou si par contemnement abbaissons & mettons a fond nostre aduersaire ou autre: moyen-
nant que d'icelle chose, de laquelle parlerons
soit fait propos & métion. De telle sorte qu'en
l'Epigramme de Marot adressante à Maistre
Grenouille poëte ignorant.

Epigram-
me.17.

> *Bien resemblez à la grenouille,*
> *Non pas que tu soys aquatique:*

Marot.

> *Mais comme en l'eau elle barbouille,*
> *Si fais tu en l'art poëtique.*

Eneid.4. Exemple des deux ensemblemét prins de Virgile du messager Mercure parlant à Eneas pour
le persuader de partir diligemment & laisser la
Royne Dido disant.

> *Filz de deesse en si grande matiere*

Peux

Peux tu dormir? ne regarde tu point
De qu'elz dangers tu es icy au point
D'estre surpris, homme priué de sens?
Elle en son cœur tourne & vire à lenuers
Maintz cas estranges & maintz crimes peruers
Presté à mourir. Vn different orage
D'ires agite, & trouble son courage.
Ne fus tu point d'vn cours precipité,
Quand de fuir as l'opportunité?
La mer verras, auant qu'il soit bien peu
De nefz troublee: & les lances à feu
Ardre par tout: le port de ferueur bruire
De toutes pars & en flammes reluire,
Si vne foys Aurore au point du iour
Te voit faisant au riuage seiour.
Or sus, à coup, despesche, & plus ne tarde.
Femme est vn cas variable, & ne garde
Rien qui soit ferme, ayant ce prononcé
Dedans la nuict noire s'est absconsé.

C'est assez parlé de l'Exorde & commencemét.
Maintenant conuient parler de l'insinuation.

De l'insinuasition. Cinquiesme chap.

IL y a tout premierement troys genre de temps, lesquelz sont diligemment à considerer: auquelz ne pouuons aucunement vser de principe

Des Masu-
res.

& commencemét. Soit ou quand nous auons
caufe vilaine & deshonnefte, c'eft à dire quand
icelle chofe , de laquelle faifons propos aliéne
& eftrange l'efprit des auditeurs : oftant la beneuolence & amytié qui pourroyent auoir enuers nous. Ou quand l'efprit des auditeurs ou
iuges eft , veu eftre perfuadé, par ceux qui premierement ont plaidé, & contre nous fait oraifon. Ou quand les auditeurs ou iuges feront
laffez & trauaillez d'ouyr ceux, lefquelz vn peu
deuant nous ont orné & fait oraifon. Or doncques celuy qui aura caufe vilaine & deshonnefte, pourra facilement principier & commé-
cer fon oraifon : difant aux auditeurs ou iuges
failloir pluftoft confiderer & regarder l'homme, que la chofe, ou la chofe, que l'homme c'eft
qu'il faut pluftoft regarder la bóne & honnefte
perfonne, que la chofe faite par iceluy vilaine-
ment & deshonneftement: ou la bonne & hónefte chofe, pluftoft que l'homme mefchant &
deteftable. De telle forte que peuuent eftre les
maquereaux , les tyrans, les forceurs de filles,
les voleurs & brigans. Et comme en l'oraifon
pour Marcus Manlius Ciceron a fait. Et com-
-me en cefte exemple cy mife pour facile intel-
„ ligéce difant. La loy eft que celuy qui aura fait
„ quelque chofe pour la Republicque vaillémét
„ & courageufement, c'eft à dire pour la defence
ce &

» & tuition de ſon pays:ſoit ſon image & effigie
» colloquee au mileu du marché ou place pu-
» blicque tout incõtinãt & ſans aucune interua-
» le.Or q̃lque meſchãt a fait quelque choſe pour
» la redemtion & reſtitutiõ de ſon païs & Repu-
» blicque.Maintenãt il demande que ſon image
» et effigie ſoit colloquee audit marché ou place
» publicque, tout incontinant & ſans delay.Ou
qu'icelles choſes, leſquelles ſont faites par noſtre aduerſaire ne nous plaiſe aucunement,
pourtãt qu'elles ſont indignes, corrompues &
meſchantes , laquelle choſe Terence à ingenieuſement obſeruee diſant.

Phormion
Acte.2.

> Cy c'eſt la faute au frere de mon pere,
> Qu'Antipho ait fait c'eſt or vitupere:
> Pour tout certain ſa fame & renommee,
> Pour ce ne doit eſtre en rien mal nommee.
> Cela ie dy,non pas pour le deuoir.
> Priuer de ce qu'a merité d'auoir.
> Car ſi quelcun de ſa propre malice
> A d'vne ambuche entrepris l'edifice,
> Contre mon cœur,encor' plain de ieuneſſe
> En l'attirant à ſa corde trayſtreſſe,
> Dont l'a gaigné.Or es doncq' ma faute
> Ou de celuy qui l'embuche a fait caute.

Puis apres quãd de long temps voudrons croy-
ſtre & emplifier le crime: demonſtrons nulle
meſchanſeté & crime par nous tant ſeulement

eftre faicte, n'y perpetré chofes femblables à
l'aduerfaire & partie. Ainfi qu'en l'oraifon pour
Sexte Roce Ciceron a fait: et en plufieurs de fes
autres oraifons. Ou apporterons en auāt quelque fentéce ou arreft de telle ou femblable caufe. Ainfi qu'en l'oraifon pour le Roy Deiotare.
Ou de la mefme chofe, comme luy mefme en
l'oraifon pour Q. Ligaire : ou dirons de la mi-
nore queles Dialectitiens appellét Affumptió,
ou de la maiore qu'iceux mefme nommét pro-
pofitió: Defquelz deux géres Ciceron à fouué-
tesfoys vfé en fes oraifons, mais principalemét
en l'oraifon de L. Antoine fuyāt cerf à Pópee.
Cófequémét par ordre retournerós tout douce
mét & à loyfir à noftre caufe: en cóferāt icelle,
de laquelle auós par fi deuāt apporté fentéce &
arreft, duquel voulós traiter en noftre oraifon.
Dauantage pourrons commodement prendre
Exorde & cómencemét, fi nyons parler de noftre aduerfaire, ou de quelque chofe d'iceluy:
ne laiffant toutesfoys fecretement d'en parler
& tenir propos, auec mangement & circui-
tion de parolles, motz, dictions, ou vocables.
Ainfi qu'on a fait en plufieurs lieux, defquelz
pour c'efte heure n'apporterons les exemples à
caufe de brieueté. Mais ie doute que fi l'auditeur ou iuge eft perfuadé & incité à croyre, c'eft
à dire, fi enuers l'auditeur ou iuge l'oraifon de
l'aduerfaire

l'aduersaire a fait foy : nous ne pouuons pas
trop aisement sçauoir : pourtant que nous ne
sommes congnoissant de quelle matiere, on a
de coutume persuader & faire foy. Doncques
si estimons foy estre faite par l'aduersaire ou
aduocad enuers les auditeurs ou iuges : faudra
ietter & mettre secretement icelle chose sequã-
te dedans nostre cause & oraison : cest que du
plus ferme & cõstant argumẽt que l'aduersaire
pensera auoir : promettons tout premierement
& principalement parler. Lequel genre Ouide
n'a oublié en l'oraison d'Aiax, contre Vlisses   *Meta.13.*
pour le debat des armes d'Achiles, disant.

Si i'auoy' moins (dit Aiax) de proesse,
Que ie n'ay pas en ma dure vielesse:
Si suy-ie filz de Telamon le fort,
Lequel iadis par tres cruel effort
Auec le preux Hercules mist en proye,
De tous souldars, la grand Cité de Troye.
Lequel aussi fut ou luy pour conquerre
La toyson d'or, en Colcos basse terre.
Si est le Roy Eäcus mon ayeul,
Qui es enfers chacun tourmente seul,
Comme vn chacun la gaigne loyaument,
Auecque peine & hrorible tourment.
Trop Vlisses tien de folye l'orage,
Quand auec moy se compare en lignage:
Car Iuppiter ainsi qu'on voit à l'œil

L'auteur.

Dieu des hautz Cieux, est mon vray bisayeul.

Ou conſtiturons noſtre Exorde & commence-
mĕt à quelque action de l'aduerſaire:ou à quelque choſe dernierement & plus freſchemĕt dicte par iceluy . De telle ſorte qu'en l'oraiſon
pour Q. Ligaire. Ou de quelque doute vſerons, feignant ne ſçauoir de qu'elle choſe deuons dire & parler. Ou auec admiration dirons, ne ſçauoir a quelle choſe deuons premie-
remĕt & principallemĕt répondre. Ainſi qu'en
l'oraiſon pour Q . Ligaire & aſſez d'autres
lieux.Plus ſi les auditeurs ou iuges ſōt ennuiez
d'ouyr faudra prendre noſtre Exorde & com-
mencemĕt a quelque genre de matiere,laquel-
le puiſſe tout incōtinant inciter & eſmouuoir
à rire. Ainſi que d'vne fable, d'imitation vray
ſemblable, de corruption & torſemĕt, d'inuer-
tion, d'ambiguité, de ſuſpicion & doute, d'ir-
riſion , de folie , d'exellence & outrepaſſe-
ment, de comparaiſon , d'abiection,de mutation & changement de lettres & elemens.Ou-
tre ce, d'expectation & attente, de ſimilitude,
de nouueauté, d'hiſtoire, de vers & carmes. Et
finablemĕt de quelque interpellation, empeſchement ou d'arriſion. Dauantaige cōmence-
rons conuenablement noſtre Exorde & commencement,ſi promettons traiter d'autre choſes que n'auons deliberé , par l'inſtruction , laquelle

quelle nous eſtions propoſee & cõſtituee pour
reſpondre, ce que toutesfoys les autres ont de
coutume faire, auec grand' habondance & ſuperfluité de dictions & vocables, qui eſt contre
le vouloir du poëte Orace, qui dit.

En ſon art poëtique.

   Sòit tout cela que voudras commencer
   Dit breuement. Afin que les eſpritz
   Promptz à ouyr, tu ne puiſſe offencer:

L'auteur.

   Si as deſir qu'on liſe tes eſcritz.
   Car tout c'en quoy giſt ſuperfluité,
   Prouient & vient d'vne plaine poetrine.

Il y a difference entre l'Eorde & l'inſinuation,
d'autant que l'Eorde & commencement doit
eſtre de telle maniere, que tout incõtinant les
raiſons (cy deuant aleguees) ſoyent clerement
& manifeſtement declarees. Afin de plus facilement rendre les auditeurs ou iuges beneuoles, atentifz, & dociles. Mais l'inſinuation au
contraire eſt de telle façon que tout ce que fai-
ſons & diſons ſoit ſecretement & par diſimu-
lation a celle fin de plus cõmodement & ayſe-
mẽt paruenir à ceſt œuure de perfectiõ de bien
& ornement parler. Certainement ie confeſſe
que toutes icelles troys vtilitez ſont grandement & ſongneuſement a comparer par toutes
les parties de l'oraiſon : pource qu'en toutes
choſes cõuient auoir l'auditeur ou iuge beneuole, docile, & attentif. Mais premierement &

La differẽ-ce qui eſt entre l'E-xorde & inſinuatiõ.

Le propre de l'inſi-nuation.

E ii

principalemét cela doit eftre diligemment obferué en l'Eorde & commencement. Maintenant craingnát que quelque foys n'vfons d'E-
xorde & commencemét vicieux conuient par
ordre monftrer comment & quelles chofes à
iceluy font grandement a fuyr & euiter. Or
doncq'en l'Exorde eft ftudieufement à garder,
que le langage foit doux, gracieux, amyable,
& non rude. Comme en l'oraifon d'Aiax, con-

Meta. 13. tre vliffes fon aduerfaire Ouide a fait, difant.

Exorde
vicieux.

    Tendent fes mains dit impaciemment,
    O Iuppiter, doncq' eff ainfi comment
    Lon veut à moy comparer Vliffes,
    Duquel les nefz font de tant peu d'axes:
    Qui nullement pour du feu les garder,
    Ne voulut onc' fon beau corps hafarder.

L'auteur.

    Lefquelles i'ay gardees ou ma main,
    Du camp d'Hector cruel & inhumain.
    Trop mieux fe fçait Vliffes bien combatre
    De feintz porpos, que de la main abbattre
    Le camp Troyen. Mais de rien maintenant
    Ne fert icy, ce qu'eft en moy tenant
    Dire & conter: car vn chacun fçait bien
    Si i'ay en guerre apris de faire rien.
    Tant feulement iceluy de langage
    Vaut pour parler & vfer d'altercage.

Et que pareillement les motz & parolles defquelles voulons vfer foyent vfitees, accoutu-
mees,

mees, frequentees, & fouuentesfoys d'vn chacun mifes en vfage, fans nullement vfer d'aucune licence poëtique ou autrement : ou de
motz lourdement & audacieufement tranfla-
tez par Metaphore ou catacrife, ou de parolles
vilaines & deshonneftez. Ainfi que de noftre
temps plufieurs ont fait en leur profe & poëfie
Françoyfe nouuellement imprimee. Ou que
noftre oraifon ne foit veue eftre par trop pre-
paree, appareillee, ornee, & inftruite pour de-
ceuoir les auditeurs ou iuges. Exorde donc- *Exorde vi-*
ques & commencement vicieux eft, ce qui à *cieux.*
plufieurs caufes fe peut accommoder lequel eft
dit communement, vulgaire, & cómun. Ainfi
qu'vne femme, laquelle fe peut commodemét
approprier a tout hóme, qu'vn cheual, vn Ane
& autres beftes femblables procrees pour feruir
& aider à l'hóme. Toutesfoys Quintilian dit à
ce propos, que quelque foys les grandz Orateurs ne l'ont toufiours euité; lefquelz auffi Ciceró reprend et argue en l'oraifon pour Verres.
Les anciens femblablemét commencoyent par
inuocatió, laquelle chofe Virgile Maron a pareillement obferuee. Plus cela eft vicieux, dequoy l'aduerfaire peut vfer commodement &
a fon profit : que i'appelle commun : pourtant
que commun (comme dit Ciceron) n'eft autre *De l'inué-*
chofe que ce, qui fe peut accómoder & adapter *tion. I.*

E iii

à la cauſe de la partie contraire. Dauãtage cela
eſt vicieux dequoy l'aduerſaire peut facilement & à ſa commodité vſer au contraire. De
telle ſorte qu'en ceſt exemple de Vatelus lequel
auoit promis à Protagoras Orateur dix eſcus,
ou plus : pour luy apprẽdre à bien & ingenieuſement perſuader : payable à la premiere cauſe
qu'il gaigneroit, ou perſuaderoit aux auditeurs
ou iuges la choſe, de laquelle tout incontinant
il vouldroit obtenir la ſentence & arreſt. Laquelle choſe faite ainſi qu'il deſiroit : Protagoras luy demande ſes dix eſcus, leſquelz il luy
auoit promis pour luy apprendre l'art de Rhetorique par laquelle il demonſtre & enſeigne à
perſuader & faire foy, diſant. Treſiuſtement (ô
Vatelus) tu me doibs dix eſcus, leſquelz ie te de
mande à preſent : ſi auec moy veux auoir proces, perdant lequel encor' pluſtoſt me les de-
uras : mais ſi pour toy la ſentence eſt donnee
par icelle encor' pluſtot y ſeras tenu. Vatelus le
diſciple reſpont diſant. Treſiuſtement ô Protagoras ie te nye deuoir dix eſcus : ſi cõtre moy
veux plaider & auoir proces : perdãt lequel cer-
tainnemẽt ie ne te deuray rien pour ceſte cauſe. Mais ſi pour toy & a ton profit la ſentence
eſt baillee encor' moins te les deuray pourtant
que ie n'auray perſuadé & fait foy enuers les
iuges. Outre cela eſt vicieux lequel eſt compoſé

de

de parolles & dictions trop appareillees, ou
de trop long cherchees & inueſtiguees. Long
n'eſt autre choſe (comme dit Ciceron) que la
cauſe, laquelle eſt diſpoſee auec plus de parolles & ſentéces qu'il n'appartiét & eſt neceſſaire
à icelles auec ce, qui n'eſt veu eſtre d'icelle cauſe, lequel eſt appellé ſeparé & impertinant : ſeparé & impertinant n'eſt (comme dit Ciceron)
autres choſe que ce, qui n'eſt propre & particulier aux negoces, deſquelles voulons parler
& faire oraiſon. De telle ſorte que ſi quelcun
vouloit accuſer vn homme d'eſtre homici-
de: & il l'accuſe d'eſtre vn adultaire & fornica-
teur : ſuyuant lequel ſe conclud, afin de plus
ayſement conioindre l'Exorde & commencement auec la narration : & auſsi la choſe, par
laquelle l'auditeur ou iuge n'eſt rédu ny beneuole ny docile, ny attentif pour diligemment
ouyr & entendre la choſe, dé laquelle voulons
taicter & faire mention . C'eſt aſſez parlé de
l'Exorde & inſinuation: conſequemment par
ordre paſſons à la narration.

En ſon de
inuentio-
ne.I.

E iiii

De la narration, recit ou conte. Sixiesme chapitre.

Tout premieremét troys géres de narration sont, dont le premier est, par lequel exposons la chose faicte : ou comme faicte : & par lequel tirons chacune chose à nostre profit & vtilité, pour & à celle fin de plus aisement gaigner la cause, laquelle appartient à icelles, desquelles le iugemét & arrest est futur. Duquel genre voyons souuentesfoys Ciceron auoir vsé en ses oraisons : mais principalement en l'oraison pour A. Milon côtre Catiline : & pour Q. Ligaire : desquelz n'apporterons maintenant les exemples à cause de brieueté. L'autre gére est lequel souuentesfoys suruient aux principales matieres. Ainsi que contre Verres Ciceron a fait, & aussi en l'oraison pour A. Milon : ou pour persuader & faire foy ou pour blasmer & reprocher : ou pour trásition d'vne matiere en l'autre. Ce que

Meta.I. Ouide a obserué parlant dela mutation de Daphene en vn laurier, & faisant transition dela mutation d'Io en vne vache disant.

Le fleuue Inache à par soy tout fasché
Seul est absent, & au profond caché

Marot. *De son grand creux, l'eau par l'armes augmente,*
Et tout chetif sa fille Io lamente

Comme

Comme perdue.

Senfuyt la tranflation laquelle c'eft defia faite
d'Io en vne Vache.

> *Il ne fçait fi en vie*
> *Elle eft au monde ou aux enfers rauie:*
> *Mais pour autant que point ne l'apperçoit*
> *En aucun lieu, cuide qu'elle ne foit*
> *En aucun lieu, & craint en fes efpritz*
> *Que pirement encores luy foit pris.*

Marot.

Ou de quelq'appreft & amplification. Ainfi
qu'en Virgille Maron defcriuãt Enee eftre venu durãt la tourméte & tempefte en Affrique:
fans d'icelle tempefte en aucune maniere faire
propos & mention. Ou pour caufe d'obtenir
louange & honneur:comme en l'oraifon pour
la loy Manilianie Ciceron a fait, parlant des
louãges, faictz, & geftes de, C. Pópee. Le troy-
fiefme & dernier genre eft tel, qui l'eft totalemét ofté & eflongné des caufes Ciuiles:auquel
toutesfoys fe conuient exercer, afin que plus
commodement puifsions traicter aux caufes,
icelles fuperieures narrations. D'iceluy genre
de narration deux genres font, dont l'vn appartient aux negoces, & l'autre appartient aux
perfonnes. Celuy lequel appartient à l'expofition & declaration des negoces eft diuifé en
troys parties fable, hiftoire & argument. Fable
eft, laquelle ne contient en foy chofes vrayes

Troys par-
ties des ne-
goces.
Fable.

F

ne vray semblables, cóme peuuent estre celles,
desquelles font les tragedies. Histoire est,chose

Histoire.

faicte, mais eslógnee de nostre aage & memoire car (comme dit Ciceron) histoire n'est autre chose que temoingnage du temps, lumiere
de verité, memoire de vie, messagiere de viei-
lesse & encienneté. Argumét est chose fainɛte,

Argumët.

laquelle toutesfoys à peu quelque foy estre fai-
ɛte. Ainsi que ceux des comedies.Iceluy genre

Le propre de la nar-ration ap-partenant aux per-sonnes.

de narration lequel appartient aux personnes
doit auoir langaige plaisant,facecieux,ioyeux
& recreatif. de telle sorte qu'en Teréce parlant
par la personne de Sofia disant.

L'auteur.

> *Si ie vous mens aucunement*
> *Ce n'est grand cas certainement:*
> *Car sans mentir en ceste affaire,*
> *Ainsi m'a coutume est de faire.*
> *Ainsi que lon faisoit la guerre*
> *Ie m'en fuyoy' de la grand erre:*
> *Cregnant d'auoir aucunemeut*
> *Vn coup de flesche seulement.*

Séblablemét diuersité d'esprit,de sorte qu'il soit
tátost graue,tótost legier & incóstant. Desperá

Espitre. 7.

ce bóne ou mauaise. Ainsi qu'Ouide a fait par
la personne de Dido parlát de Cychee disant.

> *Son noble pere & sa mere estant vieux,*
> *De leur beau filz plaisant & gracieux,*
> *Si m'ont donné espoir & assurance.*

Pour

Pour auec moy faire sa demourance.

La mesme du contraire dans Virgile.

I'ay bon espoir qu'entre les eaux profondes,
Ou les rochers grandz & dangereux sont,
Si les bons dieux aucune puissance ont
Punition cruelle en porteras.

De crainte & doute qu'on a de quelque chose.
Comme en Senecque disant.

Le Roy qui est trop craintif,
Est chetif,
Et indigne de couronne:
Car cest art il doit auoir
De pouuoir,
Souffrir enuie felonne.
Le sert desloyal,
Du trosne loyal,
C'est honte craintiue:
Qui donne à vn Roy
En don & otroy:
Lascheté chetiue.

La mesme en Plaute disant.

Vertu & grand' auctorité,
N'ont iamais bon accord ensemble:
L'vne est rempli de seureté,
L'autre terreur & crainte asemble.

De suspiciõ et doute. Ainsi qu'aux espitres d'O-
uide Dido se doutant d'estre grosse d'Eneas,
disant.

Eneide. 4.

Des masu-
res.

Epitre. 7.

Poßible eſt il que de toy ſuy' laiſſee
Groſſe d'enfant de par toy engroyſſee
Et qu'vne part de ton deſloyal corps
Repoſe en moy, dont i'ay piteux recours.

De deſir ſouhait et regret, cóme en la meſme eſ-
pitre peu cy deuãt dicte de Dido à Eneas diſãt.

L'auteur.
Certainement ſi Dieu veux ou diſpoſe
Que tu me l'aiſſe eſtant la tienne eſpoſe:
Plus cher aymaſſe & mieux fuſt aduenu
Qu'oncques vers moy tu ne feuſſe venu.

Eneide. 4. La meſme en Virgile Maron de Dido, deſirant
eſtre groſe d'Eneas, diſant.

Dès Maſu-
res.
Aumoins ſi i'euſſe auant que t'en fouyr,
Peu conceuoir enfant & en iouyr
Iſſu de toy.

De diſsimulation ou faut ſemblant, ſoit de fai-
Eneid. 4. re ou non faire quelque choſe. Ainſi qu'en iceluy meſme diſant.

Dès Maſu-
res.
Mais mieux voudroy' ou que la terre baſſe
Fondiſt ſouz moy au lieu par ou ie paſſe,
Ou que le pere eternel par encombres
De foudre & feu me iettaſt droit aux ombres
Ombres d'enfer, qui pallez ont les formes,
Et nuiĉt profonde ains que parfaiĉtz enormes
O chaſte honneur ie t'entame vne foys
Ou que i'enfreingne aucunement tes loys.

Du changement & varieté des choſes, ainſi
qu'vn peu deuant en iceluy meſme liure des
Eneides

Eneides de Virgile, difant.

Quel nouuel ofte eft venu maintenant
Loger chez nous? Comme eft il aduenant,
De contenance & port de bon vifage?
Combien vaillant d'armes & de courage.
Certes ie croy (& vaine foy n'ay point)
Qu'il eft extrait des haut dieux de tout point.
Les cœurs vilains font couardz de nature.

De mifericorde, pitié & compafion, laquelle
on peut auoir de la mifere & fafcherie de quelcun. Ainfi qu'en Virgile, difant.   Eneide. 4.

O de quelz fors fon eftrange aduenture
La tourmenté : qu'elles guerres ouuertes
Racontoit il qu'il a toutes fouffertes.

De mutation & changement de fortune par
laquelle tantoft fommes bien & heureufemét:
ou au contraire mefchantemét & malheureu-
femét, cóme en Virgile parlát de Dido difant. Eneide. 4.

La playe au vif Dido trop malheureufe
Brufle fans ceffe: & par la ville toute
Errente va ou fa fureur la boute.

De dommage inefperé, tel qu'aux Eneides de Liure. 4.
Virgile Maron d'Anne feur de Dido, parlant
d'icelle mefme, difant.

Doncq' appreftoit à la fin tourmens telz
Ceft appareil des feuz, & des autelz:
Dequoy prémier me plaindre en ce point
L'abandonnee? En mourant tu n'as point

Des Mafu-
res.

F iii

Ta seur (Helas) pour compaigne voulue
Qu'a ceste mort te feusse resolue
De m'appeller.

Eneid. 10. De reiouissance & soudaine liesse de telle sorte qu'en Virgile Maron: & aux chans diuers de
Marot au cantique de la Royne, sur la maladie & conualescence du Roy, disant.

Or a mon Dieu d'en haut ouy ma voix
Et mis à fin l'espoir qu'en luy i'auoys
Sus suyuez moy au temple ie m'en vois
Luy rendre grace.
Marot. *Ostez se noir, ostez moy ces prefaces*
Chantant des mortz, ostez ces tristes faces:
Il n'est pas temps que ce grand dueil tu faces
Pays heureux.

Et finablement de yssue & ioyeuse fin des choses, telle qu'elle doit estre es comedies : & telle
qu'elle est à la fin de Virgile, introduissant Tur-
Eneide.12. nus parlant à Eneas, disant.

Vers toy ie ploye en signe de victoire,
Pourtant qu'à tous elle est toute notoire:
L'auteur. *Enuers moy doncq' n'euze d'aucun diffame,*
Quand tu voudras prend l'Auiuie à femme.

Vray est toutesfoys qu'en cultiuant & exercët
icelles choses, plus aysement se pourront ac-
querrir & comparer : A cause que par lóg vsage
& exercitation il n'est possible qu'on ne puisse
comparer

comparer & acquerir quelque chose, car comme dit Orace parlant des biens, lesquelz sont acquis par veiller, trauailler, & par bon conseil, disant.

> L'homme prudant par bien veiller,
> Par songneusement trauailler,
> Par bon conseil, & par prudance,
> Acquert de grandz biens l'affluence.

La mesme en Virgille disant.

> De grand trauail souuent par euidence
> Vient vne grand' & riche recompense.

Maintenant doncques côuient ouurir & parler d'iceluy gére, qui appartient à la verité, par lequel pourrons plus facilemét & auec artifice traiter les choses vrayes, sans falace & tróperie.

Des propres & particulieres vertus de la narration. Septiesme chapitre.

TRoys choses principales principalement la narration doit auoir, qu'elle soit breue, clere, & vray semblable: lesquelles pourtant que ne sommes ignorans qu'elles sont necessaires & conuenátes à l'Orateur futur: auons deliberé les dóner à cognoistre, en demonstrant la conuersation & vsage d'icelles. Or doncques la narration se fera breue, si commençons, à conter au lieu, le-

quel sera veu estre plus necessaire & expediant:
delaissant icelles choses, lesquelles aucunemét
ne sont digne d'estre contees , ramanteues,
& rememorees. Car comme dit Orace parlant
du commencement de la guerre , commencee
pour le rauissement que fist. Paris de la belle
Grecque , disant.

Et le retour de Diomede pas
Ne va conter des la mort & trespas
De Meleagre : ou deux œufz recenser
Pour des Troyens la guerre commencer:
Tousiours il tant à finir son propos
Et au milieu rend l'auditeur dispos
A conseuoir les choses precedentes
Qu'omises a comme bien euidentes:
Et ce qu'il voit ne pouuoir prendre teint
En escriuant aucunement n'attaint.
Et tellement ses fictions pallie,
Ainsi le vray auec le faut il lie,
Que le milieu du premier ne differe,
Et que la fin au milieu se refere.

Cela obseruant Virgile a pris Enee sortant de
Sicile , luy baillant la narration au milieu des
choses passees, l'induisant de plusieurs fortunes & aduersitez. Outre luy mesme introdui-
sant Enee parlant a sa mere disant.

De Troye vn iour l'ancienne Cité
Partismes nous (ie ne sçay si le nom

De

De ceste Troye est paruenu ou non
A ton oreille) & sur les mers diuerses,
Auons esté des tempestes aduerses
Getté (par cas de fortune) en ces lieux.

Et si sommairement narrons la chose, de laquelle sommes deliberés conter. Ainsi que si quelcun vouloit demonstrer quelqu' homme auoir esté tué cruellement & malheureusemét, ne dira n'en quelle guerre ne de quelles armes, ne de quel coup, ne de toutes autres choses semblables : mais de telle sorte qu'a fait Ciceron en l'oraison pour A. Milon. Et si poursuyuant nostre narration & conte n'alons iusques aux dernieres fins du commencemét des choses, mais seulement iusques à la chose necessaire & conueniente. Comme en Homere parlant par la personne du Heraut des Troyés, par iceux mesme enuoyé vers les Grecz pour leur denoncer la paction, laquelle les Troyens auoyent accordee ensemblement, lequel apres auoir narré la restitution d'Helaine, & son bagage, parle des mors disant.

Mon Roy vous fait encore demander,
Si vous voulez vne treue accorder,
Tant seulement pour donner sepulture
Aux corps gisants par la deconfiture
Du iour passé : & qu'apres cela fait,
La treue soit rompue : & sans effait

Que lon retourne à la guerre pour voir
Qui doit l'honneur de la victoire auoir.

Vous voyez qu'en celle exemple il ne conte de
ceux qui sont mortz, ne de quelles gens il ont
esté occis, & mis à mort, ne de quelles armes,
ne de quel coup il ont esté abbatus. Si semblablement n'vsons de transition aucune, comme
d'vn propos en l'autre. Si par erreur ne nous
esgarons & eslognons du subiet, duquel nous-
nous sommes proposé traicter. Car comme dit
„ Ciceron Erreur n'est autre chose, que se four-
„ uoyer & esgarer de la chose, de laquelle vou-
„ lons parler en la narration de nostre oraison.
Comme si quelcun disoit Milon auoir esté tué
par Claude. Ou qu'Enee a esté cruel & inhumain à son pere, ou qu'Hipolite a esté luxu-
rieux & plain de paillardise : desquelz toutesfois a esté tout le côtraire. Si nous, nous propo-
sons la fin des choses, de sorte que ce, qui a esté
dit premierement, se puisse aisement entendre
sans nullement en faire propos & métion. Ainsi que si quelcun disoit estre venu de quelque
lieu, il sensuit qu'il y auoit esté premierement.
Car nul ne sçauroit sortir de quelque lieu ou
place, sans y auoir entré premieremét. Parquoy
de toutes icelles matieres ne parlerons plus outre : sinon que non seulement il côuient laisser
les choses, lesquelles nuysent & portent dommage :

mage : mais aufsi celles, lefquelles ne feruent
& nuifent de riẽ a noftre caufe. Si deux ou plufieurs fois ne repetons vne chofe, laquelle eft
plus grandement à blafmer & vituperer. Combien toutesfois que les Orateurs & Poëtes de
noftre temps, ne l'ayent toufiours obferué en
leurs œuures, lefquelz ne font feulemẽt des re-
dictes d'vn liure en l'autre : mais en vn mefme
liure, ou pour mieux dire en vn mefme fueil-
let, & mefme page, preft l'vn de l'autre de dix
carmes. Et fi finablemẽt nous gardons de pro-
nócer quelque chofe, laquelle (fi deuant) a efté
pronócee. De telle maniere qu'en ceft' exéple.
» Ie fuy allé à ta maifon, apres qu'à ta maifon i'eu
» efté, ie frapay à la porte, apres qu'à ta porte i'eu
» frapay, ton fils me refpondit, apres que ton
» fils m'eut refpondu, ie cógneu que tu n'eftois
» à la maifon, apres que i'eu congneu que tu
» n'eftois à ta maifon, foudain ie m'en allay au
» marché, apres que ie fu allay au marché, ie te
» vi, apres que ie tu veu, ie t'allay embraffer, a-
» pres que ie tu embraffé, nous fumes boire à ta
maifon. La mefme que quelquefois Ciceron a
tiree de quelque ancien Poëte, difant.

Symon eftant deffus le foir venu
Dedans la ville & la Cité d'Athaine:
Eftant venu comme vn homme incongnu
Il a confeu vne eubuche certaine,

G ii

A vne vierge encore de bas aage.

Ayant ainſi doncques l'embuche faicte,

L'a emmenee en outre ſon courage

De force grand' par iceluy parfaicte.

clere nar-
ration.

Narration clere & reluiſante pourrons auoir, ſi ce dequoy a eſté parlé premierement : auſsi l'expoſons & declarons premierement, & les dernieres dernierement. Et ſi gardons inuiolablement l'ordre & collocation des choſes, & des temps. Ainſi que les faitz & actez ſerons faitz : afin que plus aiſemét il puiſſent ſembler auoir quelque fois eſtez faitz. En ce lieu certainement eſt grandement à conſiderer, que rien ne ſoit dit & proferé auec trouble dérompant l'orde & diſpoſition des choſes. De telle ſorte

Mauuaiſe
exemple.

» qu'en ceſt exemple de bien & mal parler. Mais
» puis que tant eſt aux affections la vertu & per-
» turbations de l'eſprit, qui es congneue & exer-
» cee actions, que toutes les choſes qui voulon-
» tairement ſont faictes ont louange merite ou
» vitupere : pour les forcees pardon & non vou-
» lontaires & miſericorde quelque fois il eſt à
» ceux poſsible neceſſaire, qui la vertu cherchent
» & eſtudient de congnoyſtre expliquer & defi-
» nir, ce qu'eſt voluntaire en choſe chacune ou
» forcee. Il conuiendra pour bien & ornement
» parler dire en ceſte ſorte. Mais puis que la ver-
» tu eſt tant aux affections & perturbations de

l'eſprit,

» l’efprit, qu’es actions exercees & congneues: &
» que pour les chofes qui fe font voluntairemét,
» on merite louange ou vitupere : pour les non
» voluntaires & forcees pardon , & quelquefois
» mifericorde il eft pofible neceffaire à ceux, qui
» cherchent & eftudient de congnoiftre la ver-
» tu , expliquer & definir ce qui eft en chacu-
» ne chofe voluntaire ou forcee, ceft exemple cy
» deuant aleguee eft d’Ariftote. N’auec obfcuri- *Ethiques.3*
té, inuolutions, & enuelopemens: car obfcuri-
té eft droictement faicte, comme, quád on dit
quelque parolle ou quelque diction en autre
fignification , quelle n’eft pas en fon propre &
particulier . N’auec ambiguité & doute , par
laquelle lon puiffe entendre le contraire , qui
n’eft entendu par le Rheteur ou Orateur. De
» telle forte qu’en cefte exemple, difant. O Iuges
» il eft tout cler & plus que manifefte. Milon a-
» uoir tué Claude. N’auec nouueauté , ou contre la coutume & vfage, laquelle chofe fe refere
principalemét aux vocables, motz, & dictions.
Comme fi quelcun difoit pour foing & atten-
tion, auriculatió. Et que femblablemét n’vfons
de tranfitions & paffemens de chofe en l’autre:
ceft que nous ne delaiffons & mettons en ou-
bly les chofes appartenantes à noz negoces &
affaires, póur traicter des autres, qui ne feruent
& aydét nullemét à noftre profit & vtilité. Que

ne cóméſons noſtre narratió trop auắt, laquelle choſe auons amplement declaree en l'Exorde & commencement. Que ne pourſuyuons
trop outre, craignant de laiſſer les choſes, leſquelles principalement appartiennent & ſont
cóme neceſſaires à la matiere, de laquelle par-
lons en noſtre oraiſon. Et que finablemét ſuy-
uons toutes icelles choſes, ſuyuant inuiolablement l'enſeignement & inſtruction du chapi-
tre dernier. Car d'autant plus que la narration
ſera breue & ſuiecte : d'autất ſera elle auſsi plus
clere, & de plus facile intelligence. Pour toutes leſquelles choſes, apporterons exemple de
Eneid. 2.   Virgile, touchant la deſtruction de la ville de
Troye introduiſant Enee parlất à Dido diſant.

> *Au camp des Grecz eſtant les capitaines*
> *Las & rompus des guerres incertaines,*
> *Et repouſez du ſort des deſtinees*
> *Contraire à eux tant de longues annees,*
> *Par art diuin de Pallas la tresforte*
> *Ont vn cheual baſty grand de la ſorte*
Dès Maſu-   *D'vne montaigne, & les coſtes pliees*
res.   *Font de ſapin & de planches ſiees :*
> *Faignant laiſſer vn veu fait & conſtruict*
> *Pour leur retour, tel en eſtoit le bruict.*
> *Lors en prenant par ſort aucun d'entre eux,*
> *Tous gentz d'eſlite, au coſté noir & creux*
> *Secretement mettre & clorre les font :*

>   *Et ont*

Et ont emply du ventre bien profont
La grand' cauerne, ou furent enfermés
Tant qu'il y peut de fortz hommes armés.

Vrayſemblable narration ſe fera, & approchã-
te de verité, ſi diſons ainſi que la coutume le
demande & requiert, ſans nullement eſtre impertinant au contraire à l'vſage & coutume : &
ainſi que l'opinion, & la nature le deſire. Car
ſe ne ſeroit choſe bien conſonante à vn mac-
quereau, lequel veut breuement obtenir ſa requeſte, faire métion à quelque femme de pail-
lardiſe & chaſteté enſemblement : ſi diligemment cõſiderons & regardons l'eſpace du téps.
Deux temps ſont, dõt le premier que les Grecz
appellent χρονον eſt, vn deux, pluſieurs, vn iour,
vn moys, vn an, ou partie , & moytié d'iceluy.
L'autre qu'iceux meſme nõment καιρον eſt, oportunité, & occaſion, lequel ce conſumme des
faitz & geſtes des hommes. Faitz & geſtes dés
hommes ſont guerres, paix, ſedicions, ſacrifi-
ces, ieux, feſtes, vendenges, moiſon , & dormir. Ainſi que les dignitez des perſonnes (non
pas des hóneurs, offices, & magiſtras d'iceux)
mais de la perſonne, de laquelle tu veux parler
eſt capable & digne : car la circonſtance eſt de
telle façon, que ſi tu ne narroys de la dignité &
capacité de la perſonne : elle ne ſeroit aucunement vray ſemblable & approchante de verité.

G iiii

Et feroit tout ainfi que fi tu difoys Catõ auoir
efté totalement adonné à gourmãdife & pail-
lardife, ou Sylla doux & clemẽt, ou Cefar cruel
& inhumain : defquelz toutesfois a efté tout le
contraire. Si cõfiderons l'oportunité des lieux,
eftre propre & conuenable a faire telle mefchã-
ceté, ou non: car fe ne feroit chofe vrayfemblable qui diroit quelque acte mauuais auoir efté
fait ou en vn marché, ou autre place publicque,
que, mefme enuiron midy. Si fuyuant bon cõ-
feil & raifon demãdons la chofe auoir efté, ou
non, faicte. Pourtãt que la caufe, laquelle attribuons à mefchãfeté, malefice, & mauuaitié: eft
doublement diuifee, en raciocinatiue, & im-
pulfiue. Doutant que rien ne fe refute, nous
maintiendrons ou le temps auoir efté court,
ou n'auoir eu nulle caufe, ou le lieu n'auoir
efté idoyne & propice, ou qu'iceux hommes
n'euffent fceu faire, ou endurer. Si la chofe, de
laquelle faifons propos & mention eft, nõ feulement vrayfemblable, mais vraye: ne faudra
toutesfois moins obferuer toutes icelles chofe fufdictes en la narration: car fouuentesfois il
arriue (finon qu'icelles chofes y foyent accom-
modees) que mefme verité, ne peut aucunemẽt perfuader & faire foy enuers les auditeurs
ou iuges. Mais fi la chofe eft faite d'autant plus
icelles chofes, y doyuent eftre induftrieufemẽt

&

Deux par-
ties de
mefchan-
ceté.

& inuiolablement conseruees, laquelle chose
Virgile Maron n'a obliee parlant par la per- Eneide. 2
sonne de Simon disant.

Quand est de moy nier ie ne veux point
Que ne soy' Grec vela le premier point:
Et si fortune en qui rigueur abonde
A fait Simon miserable en ce monde,   Des Masu-
Elle qui tant est meschante & sera   res.
Menteur pourtant Simon point ne fera.
Si d'auanture &c.

Voyez diligemment tout au long icelle exemple, & vous verrez comment & par quelle maniere Simon pour mieux côfirmer & auerer sa
mansonge, narre premieremét chose, non seulement vraysemblable, mais vraye: si (voulons
auoir foy aux enciens poétes) puis vient à conter icelles, qui totalemét sont faussees & eslon-
gnees de verité, disant.

Souuent les Grecz ont voulu prendre fuite
Leuer le siege, & sans plus de poursuite
Se retirer deuers la Grecque terre,
Estant lassez d'vne si longue guerre.   Des Masu-
Plust or aux dieux qu'il fut fait dela sorte,   res.
Mais la tourmente &c.

Dauantage considerez comment il fainct de
cautelle grâde, ne vouloir declarer aux Troyés
le secret des Grecz, disant.

Feux de lumiere eternelle & sans fin,

H

Prefentement ie vous inuocque, afin
D'eftre temoins, i'appelle auecques vous
Vouftre puiffance inuiolable à tous:
L'autel auffi & l'execrable efpee
Laquelle i'ay nagueres efchapee,
Et ceft attour dont i'eu la tefte ceinte
Eftant voüe aux dieux hoftie fainte
Il m'eft permis, il eft iufte & licite
Que des Grecoys ie defcouure & recite
Les droiĉtz fecretz : il m'eft iufte & permis
De les hayr comme mes ennemis,
Et rendre à tous manifefte & ouuert
Ce que fecret ilz tiennent & couuert:
Car plus aux loys du pays nullement
Ne fuy tenu : Troye &c.

Outre voyez comment & de quelle façon il faint le cheual de boys, auoir efté bafty pour donner & faire offrande à la deeffe Pallas : laquelle (comme ilz difoyent) ilz auoyent iritee, oftāt fon effigie & image du temple facré, beau & plaifant: auec vne main fouillee & teinte de fang, difant.

Ilz ont bafty ceft effigie grande,
Dont ilz ont fait à Pallas vne offrande,
Pour fon image & digne pourtraiture:
Et pour purger leur crime & forfaiture.

Certainement il conuiendra finement & fagement difputer d'icelles chofes, dans lefquelles l'on

l'on verra eſtre les tables ou ſont les eſcritz au-
tentiques & enciens, approuuez de pluſieurs
gens d'autorité, & la ou lon verra eſtre l'approbation de quelque ferme & conſtante autorité, digne de foy & perſuaſion. De telle ſorte
que Ciceró a fait en l'oraiſon pour ſon maiſtre
Archias Poëte, lequel Luculle Nioyt eſtre du
nombre des Citoyens Romains : & ſemblablement Virgile. Toutes icelles choſes, leſquelles
(iuſques icy) auons traictees, le mieux qu'il
nous a eſté poſsible: conuiendront (cóme i'eſtime) ſans aucune altercation auec les autres en-
ſeignemés et preceptes de l'art: ſinó que de nou
ueau auons inuenté, aucunes choſes propres et
conuenantes à l'inſinuation, contre l'opinion
de tous les autres Rhetoriciens & Orateurs.
Combien toutesfois qu'en noſtre langue maternelle aucũ n'ait encor' eſcrit d'iceluy art. Sinon Antoyne Fauclin, lequel a traduit ſeule-
mét quelques parties des figures : & quelque
peu de la prononciation, laquelle auons reget-
tee iuſques en noſtre troyſieſme liure : & les figures pareillemét dans noſtre quatrieſme: leſquelz (comme auons dit) nous vous paracheuerons le plus diligemment qu'il ſera poſsible,
baillant de toutes choſes exemples, ainſi qu'en
iceluy premier. Pour ceſte heure conuient traiter ce que (cy deuant) auons delaiſſé. Mais à

cauſe que deſia auons diſputé de l'inuentió des choſes, par laquelle le deuoir & office del'Ora-teur eſt cóſumé:mettrós peine de nó moins in-duſtrieuſemét & laborieuſement les chercher, cóme verrós eſtre requis, & ainſi que l'vtilité de la choſe le demãdra. Apres qu'aurós premiere-mét quelque peu parlé de la diuiſió des cauſes.

De la diuiſion des cauſes.
Huictieſme chap.

LA diuiſion des cauſes eſt diſtribuee en deux parties , dont la premiere nous demonſtre,qu'à la fin & borne de noſtre narration , deuons ouurir de quelle choſe nous conſentons auec l'aduer-ſaire : & quelle choſe demeure en altercation & debat : ſi les choſes , qui nous ſont vtiles & profitables conuiennent, ainſi qu'en ceſt' exé-
» ple diſant. Entre l'aduerſaire & moy y a grand
» debat & altercation , touchant la perſonne de
» la Royne Clitaneſtra , laquelle a eſté furieuſe-
» mét miſe à mort, par la main d'Aureſtes ſó pro-
» pre fils ; pour ſçauoir ſil l'a fait par droit, ou ſi
» luy à eſté permis par iugement & arreſt.Du có-
» traire. Il eſt tout cler & manifeſte le Roy Aga-
» menon mon propre pere & geniteur,auoir eſté
» cruellement & malheureuſement tué par Clitaneſtra

taneſtra ſa femme. Toutesfois il nyent n'eſtre
permis prendre vengence de mes parens, de
mon pere actiuement, & de ma mere paſſiue-
ment. Incótinant cela faict pourrons par apres
plus commodement vſer de diſtribution, laquelle eſt diuiſee en deux parties enumeration
& expoſition. d'enumeration vſerons, ſi par
nombre diſons la choſe, de laquelle nous ſommes propoſé parler, ainſi qu'en Virgile Ti-
tire fait voulant demonſtrer eſtre grandement
obligé à Ceſar, luy attribuant (non ſans cauſe)
les honneurs diuins:cy deuant alegués, parlant
meſme d'icelle enumeration. Et en vne eſtrene
de du Bellay à de la Haye, diſant.

Ie t'offriroy' les dons,
Qui furent les gardons
Des plus vaillans de Grece:
Ou l'or malicieux,
Qui tenteroit les yeux
D'vne chaſte Lucrece:
Ie t'offriroy' encor'
L'ambicieux, threſor,
Que le marchant auare
Au plus pres du matin
Pille pour ſon butin
Au riuage barbare.

Ciceron pere d'eloquéce Latine fait troys parties d'enumeration, en l'oraiſon pour Murene:

Deux par-
ties de
diſtribu-
tion.
Enumera-
tion.
Eglogue. 1.

Du Bellay.

» & en l'oraifon pour Pompee, difant. Il me fem-
» ble tres vtile & profitable de premierement ex-
» pofer du genre de la guerre : Puis apres de la
» magnitude & grandeur. Et confequemment
» de la diligence, laquelle doit eftre neceffaire-
» ment en vn Empereur, Roy ou capitaines d'i-
» ceux. Icelle (comme dient plufieurs Rhetoriciens) ne doit auoir de nombre que trois parties. Combien que Quintilien n'auere grandemét iceux : veu mefme que les Dialecticiens
ne lont toufiours obferué, & encor' moins ob-
feruent de noftre temps. Ainfi qu'en plufieurs
Dialecticiens l'on peut voir, lefquelz en font
tantoft deux, tantoft trois, & tantoft cinq.
Aquoy faccorde Ciceron en l'oraifon pour S.
Roce faifant d'auantage que trois parties d'e-
» numeration difant. Maintenant ie diray de
» l'eftat & maniere de faire de Sefte Roce. Pre-
» mierement du genre de vie, de fa nature, de fes
» meurs, de l'incredible amour qu'il a toufiours
» eu enuers les bons, de l'eftude & grand defir,
» qu'il a eu de conferuer & garder le falut de la
» Republicque, & aufsi de l'oyfiueté & pareffe
» des precepteurs. Autre exemple au comméce-
» ment de la complainte du defefperé, compo-
fee par du Bellay difant.

Qui preftera la parolle
A la douleur, qui m'afolle?

Qui

Qui donnera les accens
A la plainte qui me guide:
Et qui laschera la bride
A la fureur que ie sens?
Qui baillera double force
A mon ame, qui s'efforce
De soupirer mes douleurs?
Et qui fera sur ma face
D'vne l'armoyante trace
Couler deux ruisseaux de pleurs?

du Bellay.

Cela certes est fort douteux & perileux à colloquer en vsage, soit ou que plus ou moins tu en
mette en vsage: car elle engendre à l'auditeur
ou iuge suspicion, que tu l'as bastie pour desce-
uoir & tromper: pourtant que l'artifice ainsi
fait ne diminue en rien foy & persuasion: ains
tant sen faut qu'il ocmente & emplifie enuers
l'auditeur ou iuge. Nous voyons le pere d'eloquence Latine auoir ingenieusement vsé des
deux genres ensemblement. Pourquoy (comme ie pense) ne sera point mal fait (en ensuy-
uant vn tel maistre que cestuy) d'en vser. Car
n'est ce pas au choir & electió du bastisseur de
mettre & disposer tout autant d'estages en son
bastiment que bon luy semblera? Exposition se
fera si breuement & succinctement explicons
la chose, de laquelle sommes deliberés parler
en nostre oraison. Ainsi qu'en l'Andrie, Teren-

Expositió.

ce à fait, parlant par la personne de Simon à Dauus, difant.

L'auteur.

Tu entendras tout au commencement
De tout le fait la caufe entierement,
De point en point: & de mon fils la vie,
Le mien confeil que de faire ay enuie
Tu congnoiftras. Et ce qu'en cefte chofe
Veux eftre fait fans faire aucune pofe.

En fa partition il a premierement expofé pourquoy il à parlé premierement de la vie de fon fils Pamphile : puis apres de fon confeil. Maintenant paffons à la confirmation.

De la confirmation & confution.
Neuuiefme chapitre.

Toute efperance de gaigner & toute raifon de perfuader eft colloquee en la confirmation & confutation : car par apres l'expofition faicte de noz argumens & filogifmes, & les contrarietés obietees diffoulues : le deuoir & office de l'Orateur fera droictemět parfait & accomply. Puis doncq' que toute efperance de gaigner eft en icelles confirmation & confutation, les deux enfemblement pourrons narrer, incontinant auoir congneu la conftitution & determination des caufes. D'icelles toutesfois eft grand

debat

debat & altercation entre les escriteurs ou escri-
ueurs de cest art. A cause que du temps iadis
les vns en faisoyét deux, les autres trois, les l'autres quatre, & les autres qui iusques à la con-
currance de huict sont paruenus: les autres qui
d'autres ont voulu estre principales. Ciceron *De l'inuē-*
toutesfois n'ensigne que quatre, lesquelles il *tion. 1.*
appelle coniecturelle fin, qualité & action.
Plusieurs semblablement sont, lesquelz n'en
font seulemét que troys generales: ce que mesme Ciceron a industrieusement obserué. Le- *En son de*
quel à laide de Dieu ensuyuerons, d'autāt qu'il *oratore.*
nous sera posible, comme le prince de tous les
Orateurs. D'autres sont qui plus appertement
les nomment coniecturelles, legale, iuridicielle, finition, translation, ambiguité, raciocination, escrit & sentence, desquelles traicterons
aux loys contraires. Constitution premiere- *cōstitutiō.*
ment est, la premiere deprecation du defendeur, conioincte auec l'accusation de l'accusateur. Constitutions doncques (comme auons *Trois par-*
dit) troys sont coniecturelle, legitime, & iuri- *ties de cō-*
dicelle. Coniecturelle premierement est, quād *stitution.*
il ya quelque altercation & controuersie du *Coniectu-*
fait, ainsi disant. *relle.*

　Aiax estant dedans vne forest,
　Se souuenant de l'ort fait sans arrest
　Par luy commis, en tres grande folie:

De son espee a sa force affoyblie.

Dont Vlisses en ce lieu suruenu,

Apperceuant le corps de mort tenu:

L'auteur.

Si prend l'epee estant meu de pitié

Et la tira du corps par amitié.

Tantost apres d'Aiax le propre frere

(Comme l'on dit tant seulement de mere)

Dit Teucer voyant son frere mort,

Aupres duquel Vlisses d'esprit fort.

Tenoit vn glesue (aigu & inhumain

En rouge teint) dedans sa dexstre main.

La pardeuant les iuges fait venir

Pour à la mort le faire paruenir.

Voyant qu'en cest' exemple la verité ne se peut chercher par probations legitimes: il la faudra sçauoir par cóiecture, & sera nommee cau-

Legitime.

se coniecturelle. Legitime est, quand par vn escrit, ou plusieurs il s'engendre altercation ou controuersie : Laquelle est diuisee en six parties (ainsi que si deuant auons dit) escrit & sentence, loys contraires, ambiguité, defini-tion, translation, & raciocination. De l'escrit & sentence tout premierement traiterons. Or

De l'escrit et sentéce.

doncq' de l'escrit & sentence s'engendera de-bat, si la volonté du legislateur l'on voit aucu-nement controuenir & estre contraire à ice-

» luy escrit, en ceste maniere. S'il est quelque

» loy, laquelle commande que ceux, lesquelz

pour

„ pour la tempefte & tormente de la mer delai-
„ rons leur nauire, perdent tout. Et quelle foit
„ auec tout ce qui fera dedans à ceux, lefquelz
„ ferons demeurés en icelle : fi d'auanture & de
„ cas fortuit, la nauire vient à fauueté & bon
„ port. Or il eft ariué que pour la tempefte &
„ tormente de la mer, tous enfemble ont delaif-
„ fé la nauire, & fe font mis dedans la naffel-
„ le, (laquelle on à de coutume attacher au co-
„ fté de la nauire ou grand bafteau) fors feu-
„ lement vn pauure malade, lequel à caufe de
„ la maladie, de laquelle il eftoit lié ne fceut (ain-
„ fi que les autres) fuir aucunement. Toutef-
„ fois (fans l'aide d'iceluy) fortuitement la na-
„ uire c'eft trouuee à fauueté & bon port : icel-
„ le maintenant iceluy demeuré pocede. Mais
„ le marchant venu auquel appartenoit la na-
„ uire, icelle demande comme fiene. Parquoy
icelle conftitution d'efcrit & fentence eft legitime. Des loys contraires fe compofera altercation & debat, fi entre plufieurs vne loy
commande faire quelque chofe, laquelle l'autre defent, ne voulant aucunement permettre
icelle eftre mife à execution. Ainfi qu'en ceft'
exemple. La loy defent à celuy, lequel trefiu-
ftement aura efté condamné de rendre l'argent iniuftement pris à l'adminiftration &

„ gouuernement de la Republicque, d'auoir ou
„ faire oraison en assemble de congregation de
„ peuple, l'autre loy veut & ordonne estre nom-
„ mé par l'augure en assemblee & congrega-
„ tió de peuple celuy, lequel doit obtenir et estre
„ en la place du mort, deuant la fin & expira-
„ tion de son magistrat. Maintenãt quelqu'Au-
„ gure condamné de rendre & restituer l'argent
„ furtiuement pris, à nommé celuy, lequel doit
„ obtenir la place du trespassé. Dont vient que
„ l'on demande s'il est digne d'amande, de peine, ou argent. Partant icelle constitution des
loys contraires, est legitime : D'ambiguité &
Amphibologie s'engendera debat , si en vne
sentence l'on voit estre deux ou plusieurs sens:
c'est à dire quãd en vne sentence sont deux ou
plusieures significations, ou quand plusieurs
choses, se peuuent aisement entendre dessus.
Ainsi qu'en cest' exemple d'vn pere de famille, lequel voulant par son testament & derniere volũté eslire son fils pour son heritier dit en
„ ceste sorte. Ie veux que par Tulius mon filz soit
„ deliuré à Terence ma femme, trente liures pe-
„ sant de vesseaux d'or, tel qu'il luy plaira. Icelle
„ tout incontinant (iceluy pere de famille tres-
„ passé) demande les vesseaux precieusement
„ ouurés & mirelifiqués:c'est ascauoir faitz d'ex-
„ cellente & magnifique façon. Tulius maintenant

» nant luy confeſſe bien deuoir trente liures pe-
» ſant de veſſeaux d’or: mais telz & de telle fa-
» çons, qui les luy plaira bailler: la meſme par
ſes vers diſant.

S’esbayſt on ſi d’apreſent la femme,
Au courtiſan ne porte plus d’amour?
Veu qu’en ſon cœur la bauerie infame
Eſt tant parfaite & remplie de clameur.

Icelle conſtitution d’ambiguité & Amphibo-
logie eſt legitime. De definition ſe conſtitura *Definitiō.*
altercation & debat, ſi demandons comment
& par quel nom ſappellera le fait, duquel l’ad-
» uerſaire & nous debatons, en ceſte ſorte. Apres
» que L. Saturninus eut premierement apporté
» la loy Frumételle, afin de diuiſer les blés, pour
» la ſixieſme & quatrieſme partie d’vn ſoul: qui
» eſt de ce temps au pris de quatre & de ſix tour-
» noys le boyſſeau. Quintus Cœpio, qui pour
» lors eſtoit Queſteur de la ville de Rome, tout
» incontinant & en vn meſme temps à demon-
» ſtré aux Senateurs & principaux de la ville, nō-
» més Peres conſcritz: que les greniers de la ville
» ne pourroyent aucunemét porter telle largeſſe
» & prodigalité. Adonc d’icelle choſe les Peres
» conſcritz perſuadé ont conſulté, diſant que ſi
» Lucius Saturninus vouloit continuer de vou-
» loir mettre en effait icelle loy Frumételle: que
» ſans doute c’eſtoit contre & au deſtriment de

„ la Republicque. Pour toutes icelles chofes L.
„ Saturninus n’à laiffé de la vouloir faire porter,
„ commançant des lors à la diuulguer. Dont ce
„ voyans fes compaignons en magiftrat & offi-
„ ce, ont tout d’vne voix incontinant commen-
„ cé à contredire, f’oppofant cela eftre fait. Com-
„ bien toutesfoys qu’ilz feuffent tous contrai-
„ res, n’a laiffé de la vouloir porter, en appor-
„ tant la hotte ou panier, dans laquelle eftoit la
„ table, la ou eftoit icelle loy efcrite, que les
„ Grecz appellent κιστη. Mais Q. Cœpio voyant
„ iceluy L. Saturninus vouloir (contre toute l’o-
„ pinion & aduis des Peres confcritz) porter
„ icelle loy : a foubitement defrompu les pons,
„ c’eft à dire les efchelles & degrés, par lefquelz
„ l’on montoit en la chaire, en laquelle l’on fe
„ mettoit pour dire & prononcer les loys, l’em-
„ pefchant de librement monter ou defcendre.
„ Deietant & ruant par terre le panier, dans le-
„ quel les loys eftoyent efcrites : faifant effort &
„ impetuofité auec gens de bien. De telle forte
„ qu’il empefcha qu’icelle loy fuft aucunement
„ diuulguee & mife en effait. Pour laquelle fai-
„ fant Q. Cœpio fut accufé de laifmaiefté, c’eft
„ àfçauoir d’auoir offencé la maiefté de celuy, le-
„ quel vouloit porter ou faire porter vne loy tant
„ fainte & fi fi bonne à la Republicque. A tout le
„ moins pour ceux, lequelz n’euffent pas efté

beaucoup

„ beaucoup chargés d’argẽt. A cauſe que par icel-
„ le loy Frumentelle, il éuſſent eu le boyſſeau de
„ blé à bon marché & à vil pris. Et auſsi qu’il ne
„ luy eſtoit aucunemẽt permis de ce commettre:
„ pourtant qu’il eſtoit de moindre & plus petite
„ office qu’iceluy L. Saturninus, lequel pour lors
„ obtenoit la dignité du Tribun du peuple. Partant ſelon definition icelle conſtitution eſt legitime & receuable. De tranſlation ſe conſtitu- *Tráslatiõ.*
ra altercation ou debat, ſi diſons failloir dife-
rer & reculler le temps: ou pource qu’iceluy, lequel eſt en la paction & accord n’eſt encor’ ex-
piré: ou qu’il conuient changer l’accuſateur:
pourtant qu’en iceluy a haine, rancune, ire &
quelque nottement de faueur: Ou les Iuges.
Ainſi que ſi quelcun eſtoit aiourné à compa-
royſtre par deuant vn autre iuge que le ſien.
En ceſte maniere vn Ecleſiaſtique par deuãt vn
lay, ou vn lay, par deuant vn Iuge Ecleſiaſtique. Les Grecz auoyét de coutume vſer d’icelle
partie de conſtitution, par tranſlation enuers
les Iuges Criminelz. Mais de noſtre temps en
vſons ſouuentesfois au droit Ciuil. A cauſe que
la ſcience du droit Ciuil, nous aydera grande-
mẽt enuers icelle cõſtitution legitime, laquelle appartient à la tranſlation. Toutesfois ne
lairrons de quelque fois vſer d’icelle partie, la-

quelle appartient & eſt propre aux criminelz.
" Diſant quelcun auoir eſté accuſé de larcin pu-
" blicq, lequel a pris & enleué des veſſeaux d'or
" ou d'argent, d'vn lieu priué & particulier. Tout
" ainſi que ſi nous diſions d'vn ſacrilege, le-
" quel combien qu'il n'ayt pris & enleué la cho-
" ſe ſacree d'vn lieu ſacré : pource toutesfois ne
" laiſſe d'eſtre ſacrilege & larron des choſes ſa-
" crees. Dont iceluy accuſé incontinant apres
" auoir vſé de definition , pourra commode-
" ment & à ſon profit, demander finement que
" ceſt que larcin priué ou larcin publicq. Diſant
" qu'il faut pluſtoſt l'accuſer de larcin priué, que
" publicq : parquoy tel partiſſement de legitime
conſtitution, arriue rarement aux iugemens
criminelz : pource que les exceptions du pal-
lays (leſquelles aydent grandemét à la tranſlation) ſont, es actions priuees, & non es iuge-
mẽs. Certainemét celuy perdra ſa cauſe, lequel
ne fera comme il appartient & eſt neceſſaire à
ceux, leſquelz veullét gaigner leur cauſe. Pour
ceſte cauſe finement & cautement lon regarde, ſi ſuyuant les loys il eſt commode & profitable à l'accuſé. Et que premierement lon face
Racioci-
nation.
iugement pour ſçauoir ſil eſt permis & licite à
l'accuſé d'accuſer, ou non. De raciocination,
par ſimilitude d'vne loy à l'autre ſinuentera
altercation, ſi ſans propre loy la cauſe vient en
iugement,

iugement, laquelle occupe finement par fimi-
litude & par gouuement des loys, aux autres,
„ en cefte forte. La loy eft, que celuy, lequel fe-
„ ra trouué eftre enragé, forcené, furieux ou
„ hors du fens: fon bien, comme terres, vignes,
„ meubles, or, argent, & autres chofes fembla-
„ bles: foit promptement deliuré à fes parens.
„ La loy eft, que celuy, lequel fera trouué eftre
„ condamné d'auoir tué & mis à mort fon pere
„ ou mere foit, promptement enuelopé & entor-
„ tillé dedans vn fac, de cuir : puis apres ietté dedans vn fleuue courrant & bruyant. La loy eft,
que fi par teftament & derniere volunté, vn
pere de famille peut droictement difpofer de
tous & vn chacun fes biens, tant heritage, que
maifons, meubles, & autre chofes femblables
à luy appartenant, par fucceffion ou autrement. La loy eft, que fi vn pere de famille, tref-
paffe fans faire & ordonner de fon teftament.
Tous fes biens meubles & immeubles, foyent
tout incontinant deliurés à ces parens : tant
du cofté du pere que de la mere ou en defaut
d'iceux, aux plus proches de fa race & affini-
„ té. Or Maleolus Citoyen de Rome a efté con-
„ damné, par iugement & arreft d'auoir trefpaffé
„ fa mere: dont tout incontinant fa bouche, c'eft
„ afçauoir toute fa tefte, a efté enuelopee & ru-
„ demét entortillee d'vn fac de cuir, lequel (com-

» me difent les enciens) eſtoit de peau de loup
» ou louue, & ſes piez choſſés de ſouliers de bois,
» que de noſtre temps vulgairement on appelle
» ſabots. Puis cela fait fut ſubitement mené
» dans la priſon ou chartre. Peu apres ceux, leſ-
» quelz le defendoyent ont porté les tables en
» icelle priſon : dedans leſquelles on eſcriuoit les
» teſtamens. Et en ſa preſence, & en la preſence
» des temoins à ce competant & requis, ont di-
» ligemment fait ſon teſtament & derniere vo-
» lõté. Ainſi que la coutume du droit le requiert.
» Dont apres la punition faite (ſuyuant la loy
» cy deuant dicte) de luy : Ceux leſquelz par le
» teſtament eſtoyent demeurés heritiers , tous
» & vn chacun ſes biens pocedent, prenant ſans
» aucun empeſchement les fruitz & emolumens
» d'iceux:iuſques à tant que le frere puiſne dudit
» Maleõlus, lequel auoit debaſtu & plaidé con-
» tre luy, pour luy faire bailler icelle punition:
» demandaſt (ſuyuant la loy d'Agnation) auoir
ſon bien, comme à luy appartenant. D'icelle
choſe certainement ne ſapporte aucune loy
certaine, pour l'approbation d'icelle. Touteſ-
fois ſi eſt ce que pluſieurs loys ſemblables ſe peu
uent apporter : deſquelles Ratiocination ce
naiſt & engendre, pourquoy il à peu par droit
faire ou non faire teſtament. Nous auons (cõ-
me i'eſtime) aſſés paſſablement & breuement
demon-

demonſtré comment , & par quelle maniere
icelle partie de conſtitution , pourra eſtre legitime & bonne. Pour ceſt’heure , doncques diſons de la conſtitution iuridicielle , laquelle
eſt diuiſee en deux parties, vn peu cy deuant
dictes.

De la conſtitution iuridicielle.
Dixieſme chapitre.

Onſtitution iuridicielle ſera , ſi ſans
debat & altercation l’on confeſſe le
fait enſemblement. Et ſi l’on ſen-
quiert ſi par droit il a eſté fait, ou nõ.
D’icelle conſtitution deux parties ſont, deſquelles l’vne eſt appellee abſolue, & l’autre Aſ-
ſomptiue. Abſolue tout premierement ſera , ſi
diſons la choſe meſme, laquelle eſt faicte eſtre
droictement & iuſtement faicte, de telle ſorte que nul autre argument, ne luy peut eſtre
aucunemét attribué & obiecté au palais. Ainſi qu’en ceſt’exemple , d’vn ioüeur de farces
„ & autres fables ſemblables, diſant. Eſtant quel-
„ que ioüeur mõté ſur le teaſtre ou echafaut,à nõ
„ mé par ſon propre nõ Actius Poëte comicque.
„ Lequel ſe voyãt l’a accuſé de matiere d’iniure,
„ diſant qu’il ne luy eſtoit permis de le nommer

Deux par-
ties de cõ-
ſtitution.
Abſolue.

» en iceluy lieu publicq, & que cela luy tournoit
» à deshonneur & vitupere. Dont lors Mimus se
» voyant ainsi accusé par Actius, ne dit autre
» chose: sinon qu'il demande, si n'est pas parmis
» de nommer celuy publicquement: duquel le
» nom est baillé par escrit, pour publicquement

Assumpti-
ue.

& manifestement iouer. L'assumptiue partie
sera, si de soy mesme & de sa propre vertu, la
defence est infinie & de basse condition. Et si
elle s'approuue des choses externes propremét

Quatre
parties
d'assum-
ptiue.

ioinctes & accómodees à icelle. D'icelles quatre parties sont appellees, concession, remotion du crime, translation du crime, & com-

Concessiõ.

paraison. Concession doncques sera, si le defendeur requier la faute, laquelle il a perpetree

Deux par-
ties de cõ-
cession.
purgatiõ.

luy estre pardonnee. Et est diuisee en purgation, & deprecation. Purgation sera, si l'accusé ou defendeur nie la chose, laquelle il a
faicte auoir faicte tout de gré & de meure deliberation: ainsi qu'en cest'exemple disant.

I'ay bien forfait helas ie le confesse,
Mais quoy? pourtant en doy'-i'auoir detresse,

L'auteur.

Veu que de gré ie ne l'ay perpetray:
Et que sans doute auec luy là i'entray
Sans nul conseil, & panser à l'affaire

Troys par-
ties de pur-
gation.
Fortune.

Que ce meschant a voulu vers moy faire.
Icelle est diuisee en fortune, imprudãce & ne-
cessité. De fortune premierement, comme de

Cœpio

Cœpio ſe purgeant enuers les Tribuns du peu-
ple, de la perte de ſon oſt & exercite. D’impru- *Impru-*
dance.
dance ainſi que de celuy, lequel fiſt punition
du ſeruiteur, qui auoit tué ſon maiſtre, auparauant que les tables fuſſent ouuertes, dans
leſquelles le teſtament du maiſtre eſtoit: par lequel iceluy ſeruiteur eſtoit affranchi & mis en
liberté:c’eſt à dire hors de ſeruitude, de laquelle il vſoyent au temps paſſé. De neceſsité com- *Neceſsité.*
me du ſouldart, qui auoit promis à ſon capitai-
ne de retourner tout incontinant au iour pre-
fix, & nommé par iceluy capitaine : lequel ne
retourna pas. A cauſe des eaux, leſquelles a-
uoyent cru qui, l’empeſcherent de retourner.
Deprecation ſe naiſtera,ſi parconſeil & expreſ- *Depreca-*
tion.
ſe deliberation, le defendeur ou accuſé con-
feſſe auoir offancé : ſuppliant le Preſidant ou
Iuge ſon offance luy eſtre pardonnee. Ainſi *Pſeau.7.*
qu’au Prophete Dauit diſant.

Ne vueilles pas o Sire,
Me reprendre en ton ire
Moy qui t’ay irrité:
N’en ta fureur terrible
Me punir de l’horrible *Marot.*
Tourment qu’ay merité.
Ains ſeigneur viens eſtendre
Sur moy ta pitié tendre,
Car malade me ſens.

K iii

Santé doncques me donne
Car mon grand mal eſtonne,
Tous mes os & mes ſens.

Cela preſques iamais n'ariue à l'vſage & coutume du Palays, ſinon qu'on plaide pour quelcun, duquel pluſieurs choſes ſont veües droictement eſtre faictes : comme ſi les biens faictz
d'iceluy, lequel on defend ſont euidens & ma-
nifeſtes : les metterons en lieu commun par
amplificatió. De laquelle ſi apres diſputerons.
Car certainemét encor' qu'il euſt fait cela ainſi
que dictes : ſi eſt ce toutesfois que pour ces biés
faitz, leſquelz par ſi deuant il a faitz, cela luy
deuroit eſtre pardonné. Vray eſt qu'il ne requiert rien luy eſtre pardonné, pource qu'au regard de ſes biensfaits il ne luy ſemble auoir aucunement offencé. Pourquoy icelles choſes
n'arriuent en iugement Criminel. Mais pardeuant les Preſidens & Conſeillers Ciuilz : ou par
deuant les Empereurs & Roys : ou par deuant
les congregations & aſſemblees du peuple.
Traſlatió. Tranſlation du crime ſaccomplira, ſi ne nions
le crime & malfait, lequel auons perpetré. Et
ſi demonſtrons l'auoir fait pour crainte & terreur de quelque autre fait. Ainſi qu'en ceſt'
exemple diſant.

A ſon plaiſir ie fu habandonnee
Outre mon cœur : mais ce fut pour terreur

Du Dieu d'amour: qui m'auoit ordonnee
Pour auec luy coucher sans faire erreur.

La mesme d'Orestes, lequel ne nie aucunement
n'auoir tué sa mere : mais dit icelle en auoir
esté cause, pourtant que pour mieux parfai-
re & accomplir son adultaire, elle auoit mis à
mort Agamenon son pere. Et que si elle n'eust
fait cela, qu'aussi ne l'eust il trespassee & iamais
mise à mort. Remotion du crime se colligera, *Remotion*
sinon seulement deschasons le crime & mal- *du crime.*
fait, mais aussi deschasons icelle coulpe & en
quelqu' homme la transferons, ou la confe-
rons en quelque autre chose, comme en quelque loy contraire. La coulpe doncques en
l'homme se transferera, si accusons celuy d'ho-
micide, lequel confesse auoir tué P. Sulpicius.
Lors iceluy respondra le crime estre fait par le
commandement des magistras affermét iceux
non seulement l'auoir commandé : mais aussi
auoir demonstré la raison, pourquoy il a esté
licite de le faire. De la chose la coulpe se para-
gonnera, si quelcun defend par iugement &
arrest du peuple, ce qui toutesfois est cómandé
faire par testamét & derniere volóté de quelqu'
hóme. Ainsi qu'en cest' exéple d'vn hóme, leql
par son testamét ordóna quelcú pour son heritier, moyénát que par iceluy sa statue & image

fuſt colloquee au marché publicq. Dõt incon-
tinant(luy mort)iceluy heritier, faic ſon deuoir
de vouloir mettre ou faire mettre ladicte ſtatue & image audit marché publicq . Laquelle
choſe luy fut defendue par les Tribuns du peuple diſant n'appartenir à vn priué & particulier eſtre erigé par effigie en iceluy lieu, ne laiſſe toutesfois iceluy heritier à poceder les biẽs.
Maintenãt les plus proches parens d'iceluy teſtamentaire requerent à ioüir des biens à eux
appartenants par droicte ligne. Pourtant qu'a-
pres la mort dudit teſtamentaire, il n'a colloquee la ſtatue & image audit marché ou place
publicque : ainſi que par le meſme teſtament
il eſtoit tenu. Pour a laquelle choſe repondre,
iceluy heritier ne nie pas n'auoir colloquee ladicte image au marché publicq:mais raporte la
cauſe aux Tribuns du peuple : leſquelz luy ont
defendu d'aucunement la colloquer en lieu
ou place publicque. De comparaiſon la cauſe
consiſtera, ſi de deux choſes diſons auoir eſté
neceſſaire de l'vne ou l'autre faire : mais que
celle,laquelle auõs faite pour pluſieurs raiſons
eſtoit la milleure & plus expediente de faire en
ceſte maniere.De C. Põpilius,lequel ſe voyant
ainſi de toutes pars aſsiegé & enuironné des
Françoys, qu'il n'eſtoit poſsible deſchaper en
aucunę maniere, ſans le congé & permition
d'iceux.

cõparai-
ſon.

d'iceux. Incontinant delibera parlementer a-
uec le Coronal de l'armee Françoyſe. Auquel
parlemēt fut accordé, que delaiſſans les membres & empeſchemens de la guerre, telz que
ſont armes, beliers, deſquelz Ciceron fait men-   *offce.1.*
tion. Maintenant de noſtre temps auons au
lieu d'iceux l'artillerie, focóneaux, harquebu-
ſe, & piſtolletz, tous baſtons à feu, & leurs rem-
pars, leurs vins, leurs blés, leurs veſcelles, &
toutes autres choſes ſemblables : il ſen yroit a-
uec ſon exercite. De laquelle choſe (ſi toſt faite) ne ſe faut grandement esbahir. A cauſe que
de nature les François ont de coutume (principalement à la guerre) eſtre clemens & miſeri-
cordieux enuers les eſtrāgiers. Parquoy Caius
Pompilius delaiſſant dócques les membres de
la guerres ſen eſt allé emmenant ſeulement ſon
execite. Pour laquelle choſe fut appellé en iugement, pourtant qu'il auoit offencé la mage-
ſté Romaine. A cauſe qu'auparauant que de
ce faire, les en deuoit aduertir. Quelles conſti-
tutions & ordónaces ſont, auós (comme i'eſtime) aſſes abondamment & à foyſon demonſtre. Conuient doncques maintenant enſei-
gner comment, & par quelle maniere les conuiendra traiter : tout incontinant auoir demó-
ſtré quelle choſe faudra en la cáuſe des deux
parties c'eſt aſçauoir pour l'accuſateur & de-

L

fendeur : en laquelle toute raison de l'oraison se conferera.

De la raison & l'vsaige d'icelle.
vnsiesme chapitre.

Raison.

LA constitution inuentee, conuiendra tout incontinant chercher et in-
uestiguer la raison. Raison est, par
laquelle se confirmera la cause con-
tenant en elle defence, laquelle sert grandement à l'accusateur & defendeur. Parquoy có-
uient vn peu longuement demourer en icelle,
afin de plus aisement & principalement l'en-
seigner par exéples disant. Veu qu'Aurestes có-
fesse auoir trespassé sa mere Clitanestra : sinon
qu'il apporte raison pourquoy il a fait, sa cause tourne au rebours. Pourquoy craignant de
la perdre apporte la raison, disant. Icelle auoit
premierement tué mon pere. A ceste cause raison (comme desia i'ay dit) n'est autre chose,
que la chose contenante defence. Sans laquelle le crime & me fait confessé ne sçauroit (tant
peu soit il) aucunement longuement durer
contre la sentence & iugement. Doncques raison inuestiguee, faudra chercher la confirmation & corroboration de l'accusateur : c'est à
dire quelque chose, laquelle contienne en
soy,

foy, quelque ferme & conftant argument, au
porfit & vtilité de l'accufateur. De laquelle il
s'aidera contre la raifon du defendeur (cy deuant dicte) apres qu'Aureftes aura diuulgué fa
raifon difant. Ie l'ay à bon droit & iuftement
mife à mort : car icelle auoit tué & trefpaffé
mon pere. Du ferme & conftant argumét l'accufateur vfera, difant. Combiẽ toutesfois qu'il
l'euft efté licite de la faire mourir, il ne t'eftoit
pas pourtant permis de toy mefme et de ta propre main la mettre à mort, fans auoir efté con-
damnee par iugement & arreft. Or maintenant il eft neceffaire que de la raifon du defendeur:& du ferme & conftant argument de l'ac-
accufateur s'engendre queftion. Laquelle nó-
merons iudication que les Grecz appellent
κρινομενον, qui vaut autant que, ie t'appelle en iugement. Icelle ce confumera de la cóiunction
du ferme & conftant argumét de l'accufateur:
& de la raifon du defendeur. Ainfi qu'en cefte
exemple difant. I'ay pour la vengence du tref-
paffement de mon pere Agamenon, tué & mi-
fie à mort ma propre mere. L'autre dira. Eft ce
fait iuftement & à bon droit au fils de trefpaf-
fer fa mere, fans premierement auoir efté ordonné par iugement & arreft. Maintenant có-
uiendra trouuer indicatió en icelle raifon, c'eft
afçauoir la voye & maniere de conferer le fer-

me & constant argumét de l'accusateur:auec la raison alleguee du defendeur.Parquoy doncq' iudication inuentee faudra conferer & paragonner toute l'oraison à icelle . Entre toutes cóstitutions & toutes parties de constitution: icelle voye de iudication est trouuee : fors seulement entre la constitution iuridicielle. Car certes en icelle, raison ne se cherche & inuestigue aucunement pourquoy il a fait, pourtant qu'il nie tout aplat l'auoir fait. Et semblablement le ferme & constant argument de l'accusateur ne se treuuent, pource que quand l'on ne le fait, il ne faut point demander la raison pourquoy il a esté fait. A ceste cause, selon intention & insiciation se constitura iudication, seulement es choses coniecturelles, disant. Intention,ô Vlisses tu as tué Aiax, insiciation,Ie ne l'ay pas tué certainement. Des deux iudicatió se fera pour sçauoir sil la fait ou non. Toute raison des deux oraisons tãt de l'accusateur que du defendeur (Ainsi que si deuant a esté) est à paragonner à icelle iudicatió. Mais si d'auanture plusieurs constitutions ou partie de constitution sont , seront semblablement plusieurs iudications & questions en vne mesme cause. Toutesfois elles sont toutes trouuees & recueillies par semblable raison , voye, & maniere. Nous auons comme il me semble (Madame)

dame) affes ftudieufement pris peine (fi par tel
nom eftude fi bonne & profitable doiĉt eftre
appellée) de breuement & clerement declarer
les chofes, defquelles (iufques icy) auons pro-
pofé traiter. Maintenant pourtant que la grandeur & magnitude d'iceluy premier volume
auons veu grandement faccroyftre : fommes
deliberés d'icy apres par ordre plus commodement & auec plus d'induftrie expofer la refte
des chofes au liure fequent. Doutant que pour
l'abondance des lettres & elemens, n'engen-
drafsiés en voftre efprit quelque laffeté & pareffe, laquelle peuft aucunement retarder voftre trefdiligent & trefuertueux efprit. Mais ie
crains (Madame) que toutes icelles chofes ne
fe defpéfchent, vn peu plus tardiuement que
voftre efprit ardemment ne le defireroit. De laquelle chofe vous en fauldra (fi ceft voftre plai-
fir) afigner la principalle caufe, en la grandeur
& dificulté de l'inftruĉtion , d'iceluy art : puis
apres en noz empefchemens : defquelz fommes tant tourmentés qu'aucunement n'auons
fceu prefque trouuer la fin & borne d'iceluy
premier. Toutesfois nous aduéferons, & d'autant que noz affaires (defquelles par voftre
moyen i'efpere eftre à deliure) pourtant qu'à
vous feule en appartient la cognoiffance ferons par vous totalement diminuees & ane-

anties : auec plus grande diligence & indu-
ſtrie pourſuyueront. Acelle fin que pour la be-
ueuolence & amitié, laquelle (de voſtre grace) aues vſé & vſeres enuers moy, ſoit ce mien
petit liuret, lequel auons diligemment amou-
cellé & entaſſé enſemble, par nous ordonné à
voſtre treshaute & vertueuſe volonté. Concluant le total par ſes vers, diſant.

Or donc bonté grande
Deſſus nous eſpande
Ma tres noble dame:
Ainſi qu'en entente,
Eſpoir & attente,
A ſ'il qui reclame.

F I N.